통일아리랑 가는 길

인지
생략

| 들꽃동인선 56 |
민족작가연합 제3 통일시집
통일아리랑 가는 길

2021년 6월 10일 초판인쇄
2021년 6월 15일 초판펴냄

지은이/김규동 외

펴낸이/김창규
펴낸곳/민족작가연합
출판위원장/김형효
출판위원/박금란 정소슬 조현옥 최기종

편집제작/도서출판 들꽃
주 소/04623 서울 중구 서애로 27 서울캐피탈빌딩 B202호
전 화/02)2267-6833
팩 스/02)2268-7067
출판등록/제5-313호(1992. 5. 15)
E-mail:dlkot108@hanmail.net
값 17,000원

*파본된 책은 바꾸어 드립니다.

ISBN 978-89-6143-216-0 03810

민족작가연합ⓒ2021

통일아리랑 가는 길

| 민족작가연합 2021년 제3 통일시집 |

통일시집 '통일아리랑 가는 길'을 펴내면서

　　민족작가연합이 결성되고 첫 번째 통일시집 『도보다리에서 울다 웃다』를 펴내기로 했을 때만 해도 남과 북, 우리 온 겨레가 저마다의 가슴에서 뜨거운 열기를 느꼈을 것이다. 그런 기운은 분단 이후 우리 겨레 모두가 처음 느껴본 것이리라. 그리고 그때가 우리 민족에게 통일대업으로 가는 길에 가장 결정적인 시기로 인식되는 날들이었다 믿는다.
　　하지만 지금 우리에게는 또 다른 시련기처럼 느껴지는 대내외 정세가 있고 남과 북의 냉랭함이 있다. 하지만 정치적인 기운과 다른 우리들의 간절함은 모든 겨레가 한 마음으로 표면을 향하여 그 열기를 품어 솟구쳐내고 있다 생각한다. 그렇게 온 겨레의 마음이 하나일 것이리라.
　　그런 절실함으로 우리는 제3통일시집 『통일아리랑 가는 길』을 펴내기로 하고 출판위원회를 구성하고 또다시 원고를 청하고 받았다. 짧은 기간 한두 차례 원고 청탁만으로 많은 작가들의 원고를 받아내었다. 하지만 우리에게 남은 통일을 향한 수차례의 아리랑 고개가 남아있으리라는 생각이 들기도 한다. 통일의 비원을 담은 또 다른 통일시집에는 더 폭넓게 더 다양한 통일의 노래가 불려지기를 소망한다.

　　위정자들에게 맡겨둔 통일로 가는 운전대를 우리 모든 민중이 나눠가져야 한다는 생각을 더욱 절실히 하게 된다. 그리고 그런 저변을 확장하는데 작가들이 결집된 역량을 하나로 모아나가야 한다는 생각이다. 남한사회의 모든 모순들을 단숨에 극복해낼 가장 결정적인 계기로 작동할 통일대업을 위해 각계각층에서 더욱 치열하게 매진해줄 것을 기대해본다.

　이번 시집에서는 그간의 시집과 다른 특집을 준비했다. 이미 익숙한 시편들이고 익숙한 시인들의 시편들이지만 통일을 향한 장도에 책 한 권에서 통일시를 남긴 통일시인들의 작품을 모아 읽고 서로를 품어보는 계기가 되리라 믿는다. 생전에 서로 교류가 있었던 분들이 한자리에 시로 묶이는 의미도 있고 후학들에게 좋은 교본이 되리라는 생각도 하는 것이다. 우리는 이런 특집을 앞으로 발간되는 통일시집마다 구성해서 통일시의 정형을 확립해낼 의지를 갖고 있다. 이는 민족작가연합이 추구하는 통일시대를 위한 반드시 필요한 작업들로 선배 시인들의 훌륭한 작품과 그분들의 삶을 함께 되새기는 의미를 더한 것이기도 하다.

　특별히 이기형 시인께서 불통일불사不通－不死라며 강인하게 건강을 지키셔서 꼭 통일을 보고야말겠다는 집념을 보여주시던 날이 눈에 선하기만 한데 어느덧 8주기가 가까워 오고 있다. 선생은 1세기 가까운 삶의 역정을 다해 독립과 통일 국가를 향한 집념의 시기를 살아오셨다. 우리 민족의 숙원이 통일이라면 우리 개개인들에게도 그런 숙원이고 진실로 간절함이라면 우리는 우리 내부적으로 하나됨을 위해 각자의 자리에 충실하되 여럿이 함께라는 단순한 듯 절실한 진리앞에 고개 수그리는 자세로 강고한 한 걸음 한 걸음 걸어나가야 한다 믿는 것이다.

오늘 우리가 펴낸 제3통일시집 『통일아리랑 가는 길』에 그런 마음이 하나로 모여 통일대업으로 가는 길에 징검돌이 될 수 있기를 소망하며 모든 작가들이 그 길에서 새롭고 단단하게 역량을 발휘해 나갈 수 있게 되기를 소망해보는 것이다. 우리는 앞으로도 멈추지 않고 민족의 대업이자 숙원인 통일의 길을 향해 나아갈 것이다.

그 자리에 6·15 남북정상의 만남의 날을 기리며 통일시집을 내놓을 것이고 민족의 온전한 해방을 위해 끊임없는 결의를 굳건히 다져나간다는 의미로 8·15일에는 민족작가연합의 기관지를 내놓을 것이다. 시작하는 일보다 멈추지 않고 전진하는 그 길이 통일의 길이라 믿는 것이다.

2021년 민족작가연합 통일시집 출판위원회
출판위원장 김형효

▲ 전재진 작품: 조국통일 기원

| 차례 | 민족작가연합 제3 통일시집 |

- 발간사 _ 4

| 통일시인 |

김규동 아, 통일 외 2편 14
김남주 조국 외 1편 18
문익환 꿈을 비는 마음 외 1편 24
박봉우 휴전선 외 2편 29
신동엽 껍데기는 가라 외 1편 35
이기형 아! 고구려 외 2편 38
이동순 푸른 철조망 외 1편 42
채광석 밧줄을 타며 외 2편 45

| 한국시인 |

강기희 일통선생 외 1편 52
강상기 당신의 심장에 얹어주는 편지 외 1편 55
고경하 사과꽃 필 무렵 59
김광렬 백록담 물과 천지 물은 외 1편 61
김광원 장군의 눈빛 64
김 완 천둥처럼 올 그날을 기다리며 외 1편 66
김재석 '고향의 봄'이 남북정상회담에 참가하다 외 1편 70
김창규 북조선 하늘 날아올라 외 1편 74
김형효 삼천리 통일 공화국으로 가는 길 외 1편 78
나종영 꽃구름 기차를 타고 84
문창갑 한반도여, 다시 새벽종을 치셔야지요 외 1편 86

문해청	264묘소에서 외 1편	89
문홍주	2021년 통일을 외쳐본다 외 1편	93
박금란	아기장사 외 1편	97
박몽구	교동도에 가서 외 1편	102
박완섭	통일이 되지 않으면 외 1편	106
박원희	바라보다 외 1편	109
백수인	오월의 분수대	112
신정주	미국자리공	115
심종숙	빨갱이 · 6	116
아사달	그 꽃, 4월에 핍니다 외 1편	118
안명옥	백두산 천지 외 1편	122
양희철	화상면담 외 1편	125
우동식	뿌리 외 1편	130
윤석홍	양키 고 홈 외 1편	132
이민숙	마지막 동백 외 1편	135
이용건	인지상정	137
전재진	군세어라! 통일조국	138
정대호	남과 북의 만남 외 1편	139
정세훈	어머니가 우신다 외 1편	142
정소슬	계륵의 어원을 다시 정의하다 외 1편	144
정춘근	질경이 · 2 외 1편	147
조광태	화살머리 외 1편	150
조현옥	오월 금남로에서 외 1편	152
주선미	월정리 가는 길 외 1편	155

| 차례 | 민족작가연합 제3 통일시집 |

지창영 다시 만년필을 뽑으며 158
진 관 백두산에 오르면서 외 1편 160
차옥혜 좋겠네 좋겠네 외 1편 164
최기종 가출 외 1편 167
최일화 노인은 알고 있다 외 1편 172
표광소 김치 외 1편 176
함진원 기다림 외 1편 180

| 조선민주주의인민공화국 |

리호근 통일잠자리 외 4편 184
오영재 그리움이 가기 전에 외 4편 194
장혜명 어머니의 이름으로 외 4편 201
최영화 백두산이 간다 외 4편 215

| 재중교포 |

길송월 할머니의 보름달 외 2편 228
김춘산 겨울비 외 2편 232
남철심 의문 외 1편 237
방 준 누굴 탓하리 외 2편 239
석 화 돌아오지 않기 위해 가는 저 강물을 보아라 외 2편 242
전옥선 귀향길 외 1편 247
전은주 청산리 사람들 외 2편 249
한 길 리별의 이유 외 2편 252

| 재일교포 |

장 정 겨레의 맹세 외 1편　256
오홍심 통일 새세대들이여 외 1편　261

| 재호교포 |

숀 멜버른 한류는 어디서 오는가 외 1편　266

| 네팔시인 |

디네스 아디까리 고성에서　278
크리슈나 쁘라싸이 승리를 위해　280

[통일시인]

아, 통일 외2편

김 규 동

이 손
더러우면
그 아침
못 맞으리

내 넋
흐리우면
그 하늘
쳐다 못 보리

반백년 고행길 걸은
형제의 마디 굵은 손
잡지 못하리
이 손 더러우면

내 넋 흐리우면
아, 그것은
영원한 죽음.

나눔의 경이

아이는
사탕과자를 넣고 나가더니
동네 아이들한테
다 나눠주고 나서
어, 내 건 하나도 없어 하고
당황한 얼굴을 했다
빨갛게 언 두 볼이
나긋나긋했다

자선사업가가 자선을
이 아이같이 했을 때의 경이로움

거짓말이다
- 이 판국에 고운 시는 써 뭘하랴.

민주주의 해달라고
투표했다
입으로만 외지말고
통일을 막는 일체의 적과 싸워달라고
한 표 찍었다
이번만은 정말
허가맡은 도적이 되지말고
민주주의와 통일 위해서만 선량노릇하라
국회의원에 뽑혀 만세 부른 사람들아
아직도 순진한 그대들아
축배를 들기 전에
4.19 탑 앞에 엎드려 절하라
몇날 몇일이고 절하며 통곡하라
광주와 마산에 달려가서
억울한 유족들 손을 잡아보라
이 나라 모든 민주투사들 영령 앞에
죄많이 졌노라 죄많이 졌노라 용서를 빌라
전국의 감옥과 유치장에 갇힌
수많은 양심수와 남녀학생들을 만나서
고맙다는 뜨거운 인사를 하라

그대들의 영광은
이들 젊은이들 희생의 덕인즉
고귀한 피의 값을 저버리지 말라
어디서고 억울하고 가난한 이 만나면
무조건 고맙다 황송하다 절하며
그들의 멍에를 함께 메라.
억울하게 살아온 백성과
죽지못해 살아가는 가난한 민중이 있기에
그대들 영광 있는 것이니
깍듯한 그대의 예를 다하라
우리는 지켜볼 것이다
금배지 달기전에 선거에 쓰고 남은
재물이 몇푼이라도 남았다면
어려운 사람들 위해 모조리 나눠주라
그리하여 맨주먹이 되라
통일에의 대표들이여 국회의원이여
무엇보다도 먼저 그대의 진실을 증명하라
고무신에 자전거 타고 여의도 갈 준비를 하라
그렇지 않다면
모두가 거짓말이다 거짓말이다.

김규동: 1925년 함경북도 출생. 1948 서울 상공중학교(현 중대부고) 교사. 『예술조선』에 「강」 발표. 1951년 후반기 동인. 〈연합신문〉〈한국일보〉 문화부장, 삼중당 편집주간 역임. 대한민국 은관문화훈장 수훈(1996년). 만해문학상, 대한민국 예술원상, 자유문인협회상 등 수상. 1970년대부터 자유실천문인협의회, 한국민족예술인총연합, 민족문학 작가회의 고문 역임.

조국 외 1편

김 남 주

우리가 지켜야 할 땅이
남의 나라 군대의 발 아래 있다면
어머니 차라리 나는 그 밑에 깔려
밟힐수록 팔팔하게 돋아난 청맥이고 싶어요
날벼락 대포알에도 그 모가지 꺾이지 않아
남북으로 휘파람 날리는 피리이고 싶어요
우리가 걸어야 할 길이
남의 나라 병사의 발 아래 있다면
차라리 나는 그 밑에 밟혀
석삼 년 가뭄에도 시들지 않는 풀잎이이고 싶어요
그 잎새 달빛 머금은 이슬에 젖어
목마른 고개 넘어오시는 님의 입술 적시고 싶어요
우리가 이루어야 할 사랑이
남의 나라 돈의 무게에 있다면 그 밑에 깔려
밤송이로 까지는 피문은 처녀의 골짜기라면
그 아픔에 지는 어둠 하늘의 비명이라면
참말이제 참말이제 마을 떠난
내 누이의 식칼이고 싶어요
등에 꽂혀 놈들의 가슴에 꽂혀
피 흘리는 옛사랑의 무기 죽창이고 싶어요
우리가 지켜야 할 땅이

흰둥이 군대의 발 아래 있고
우리가 걸어야 할 길이
깜둥이 병사의 발 아래 있고
우리가 이루어야 할 사랑이
달라에 눌리는 중압 아래 있고
그리고 우리가 불러야 할 자유의 노래가
놈들의 총검 아래 숨지는 그림자라면
어머니 참말이제 나는
청맥이고 싶어요 풀이고 싶어요
바람보다 먼저 눕기도 하지만
바람보다 먼저 일어나기도 하는
어머니 참말이제 참말이제 나는
식칼이고 싶어요 죽창이고 싶어요
총알보다 대포알보다 먼저 꺾이지만
그들보다 먼저 꽂히기도 하는

조국은 하나다

"조국은 하나다"
이것이 나의 슬로건이다
꿈속에서가 아니라 이제는 생시에
남모르게 아니라 이제는 공공연하게
"조국은 하나다"
권력의 눈 앞에서
양키 점령군의 총구 앞에서
자본가 개들의 이빨 앞에서
"조국은 하나다"
이것이 나의 슬로건이다

나는 이제 쓰리라
사람들이 오가는 모든 길 위에
조국은 하나다라고
오르막길 위에도 내리막길 위에도 쓰리라
사나운 파도의 뱃길 위에도 쓰고
바위도 험한 산길 위에도 쓰리라
끊어진 남과 북의 철길 위에도 쓰리라
조국은 하나다라고
나는 이제 쓰리라

인간의 눈이 닿는 모든 사물 위에
조국은 하나다라고
눈을 뜨면 아침에 맨 처름 보게 되는 천장 위에 쓰리라
만인의 입으로 들어오는 밥 위에 쓰리라
쌀밥 위에도 보리밥 위에도 쓰리라
나는 또한 쓰리라
인간이 쓰는 모든 말 위에
조국은 하나다라고
탄생의 말 응아 위에 쓰리라 갓난아이가
어머니로부터 배우는 최초의 말 위에 쓰리라
저주의 말 위선의 말 공갈협박의 말…
신과 부자들의말 위에도 쓰리라
악마가 남긴 최후의 유언장 위에도 쓰리라
조국은 하나다라고

나는 또한 쓰리라
인간이 세워 놓은 모든 벽 위에
조국은 하나다라고
남인지 북인지 분간 못하는 바보의 벽 위에
남도 아니고 북도 아니고
좌충우돌하다가 내빼는 망명의 벽 위에
자기자기만이고 자기환상일 뿐
있지도 않은 제3의 벽 위에
체념의 벽 의문의 벽 거부늬 벽 위에 쓰리라
조국은 하나다라고

순사들이 순라를 돌고
도둑이 넘다 떨어져 죽은 부자들의 담 위에도 쓰리라
실바람만 불어도 넘어지는 가난의 벽 위에도 쓰리라
가난의 벽과 부의 벽 사이를 왔다 갔다 하면서
갈보질도 좀 하고 뚜장이질도 좀 하고
그래 돈도 좀 벌고 그래 이름 좀 팔리는 중도좌파의 벽 위에도 쓰리라
조국은 하나라고
나는 또한 쓰리라
노동과 투쟁의 손이 미치는 모든 연장 위에
조국은 하나다라고
목을 베기에 안성맞춤인 ㄱ자형의 낫 위에 쓰리라
등을 찍어 내리기에 안성맞춤인 곡괭이 위에 쓰리라
배를 쑤시기에 안성맞춤인 죽창 위에 쓰리라
마빡을 까기에 안성맞춤인 도끼 위에 쓰리라
아메리카 카우보이와 자본가의 국경인 삼팔선 위에도 쓰리라
조국은 하나다라고

대문짝만하게 손바닥만한 종이 위에도 쓰리라
조국은 하나다라고
오색종이 위에도 쓰리라 축복처럼
만인의 머리 위에 내리는 눈송이 위에도 쓰리라
조국은 하나다라고
바다에 가서도 쓰리라 모래 위에
파도가 와서 지워버리면 나는
산에 가서 쓰리라 바위 위에

세월이 와서 긁어 버리면 나는
수를 놓으리라 가슴에 내 가슴에
아무리 사나운 자연의 폭력도
아무리 사나운 인간의 폭력도
지워 버릴 수 없게 긁어 버릴 수 없게
가슴에 내 가슴에 수를 놓으리라
누이의 붉은 마음의 실로
조국은 하나다라고

그리고 나는 내걸리라 마침내
지상에 깃대를 세워 하늘에 내걸리라
나의 슬로건 "조국은 하나다"를
키다 장대 같다는 양키들의 손가락 끝도
언제고 끝내는 부자들의 편이었다는 신의 입김도
감히 범접을 못하는 하늘 높이에
최후의 깃발처럼 내걸리라
자유를 사랑하고 민족의 해방을 꿈꾸는
식민지 모든 인민이 우러러 볼 수 있도록
겨레의 슬로건 "조국은 하나다"를!

김남주: 시민 · 사회 운동가. 인혁당 사건, 남민전 사건으로 투옥, 민청학련 사건 관련자로 지목되어 고초를 겪음. 1993년 문민정부 출범 이후 대통령 특별지시로 석방. 시집 『진혼가』 『나의 칼 나의 피』 『조국은 하나다』 『솔직히 말하자』 『사상의 거처』 『나와 함께 모든 노래가 사라진다면』, 시선집 『학살』 『사랑의 무기』 『함께 가자 우리 이 길을』 『꽃 속에 피가 흐른다』. 신동엽창작기금, 단재상, 윤상원상, 민족예술상 등 수상.

꿈을 비는 마음 외 1편

문 익 환

개똥 같은 내일이야
꿈 아닌들 안 오리오마는
조개속 보드라운 살 바늘에 찔린 듯한
상처에서 저도 몰래 남도 몰래 자라는
진주 같은 꿈으로 잉태된 내일이야
꿈 아니곤 오는 법이 없다네

그러니 벗들이여!
보름달이 뜨거든 정화수 한 대접 떠 놓고
진주 같은 꿈 한자리 점지해 줍시사고
천지신명께 빌지 않으려나!

벗들이여!
이런 꿈은 어떻겠오?
155마일 휴전선을
해뜨는 동해바다 쪽으로 거슬러 오르다가 오르다가
푸른 바다가 굽어 보이는 산정에 다달아
국군의 피로 뒤범벅이 되었던 북녘땅 한 삽
공산군의 살이 썩은 남녘땅 한 삽씩 떠서
합장을 지내는 꿈,
그 무덤은 우리 5천만 겨레의 순례지가 되겠지

그 앞에서 눈물을 글썽이다 보면
사팔뜨기가 된 우리의 눈이 제대로 돌아
산이 산으로, 내가 내로, 하늘이 하늘로,
나무가 나무로, 새가 새로, 짐승이 짐승으로,
사람이 사람으로 제대로 보이는
어처구니없는 꿈 말이외다

그도 아니면
이런 꿈은 어떻겠오?
철들고 셈들었다는 것들은 다 죽고
동남동녀들만 남았다가
쌍쌍이 그 앞에 가서 화촉을 올리고
- 그렇지, 거기는 박달나무가 있어야지 -
그 박달나무 아래서 뜨겁게들 사랑하는 꿈,
그리고는 동해바다에서 치솟는 용이 품에 와서 안기는 태몽을 얻어
딸을 낳고
아침 햇살을 타고 날아오는
황금빛 수리에 덮치는 꿈을 꾸고
아들을 낳는
어처구니없는 꿈 말이외다

그도 아니면
이런 꿈은 어떻겠소?
그 무덤 앞에서 샘이 솟아
서해 바다로 서해 바다로 흐르면서

휴전선 원시림이
압록강 두만강을 넘어 만주로 펼쳐지고
한려수도를 건너뛰어 제주도까지 뻗는 꿈,
그리고 우리 모두
짐승이 되어 산과 들을 뛰노는 꿈,
새가 되어 신나게 하늘을 나는 꿈,
물고기가 되어 펄떡펄떡 뛰며 강과 바다를 누비는
어처구니없는 꿈 말이외다

비나이다 비나이다
천지신명께 비나이다
밝고 싱싱한 꿈 한자리
평화롭고 자유로운 꿈 한자리
부디 점지해 주사이다

잠꼬대 아닌 잠꼬대

난 올해 안으로 평양으로 갈 거야
기어코 가고 말 거야 이건
잠꼬대가 아니라고 농담이 아니라고
이건 진담이라고

누가 시인이 아니랄까봐서
터무니없는 상상력을 또 펼치는 거야
천만에 그게 아니라구 나는
이 1989년이 가기 전에 진짜 갈 거라고
가기로 결심했다구
시작이 반이라는 속담 있지 않아
모란봉에 올라 대동강 흐르는 물에
가슴 적실 생각을 해보라고
거리 거리를 거닐면서 오가는 사람 손을 잡고
손바닥 온기로 회포를 푸는 거지
얼어붙었던 마음 풀어 버리는 거지
난 그들을 괴뢰라고 부르지 않을 거야
그렇다고 인민이라고 부를 생각도 없어
동무라는 좋은 우리말 있지 않아
동무라고 부르면서 열 살 스무 살 때로

돌아가는 거지

아 얼마나 좋을까
그땐 일본 제국주의 사슬에서 벗어나려고
이천만이 한마음이었거든
한마음
그래 그 한마음으로
우리 선조들은 당나라 백만 대군을 물리쳤잖아

아 그 한마음으로
칠천만이 한겨레라는 걸 확인할 참이라고
오가는 눈길에서 화끈하는 숨결에서 말이야
아마도 서로 부둥켜안고 평양 거리를 뒹굴겠지
이 머리가 말짱한 것들아
평양 가는 표를 팔지 않겠음 그만두라고

난 걸어서라도 갈 테니까
임진강을 헤엄쳐서라도 갈 테니까
그러다가 총에라도 맞아 죽는 날이면
그야 하는 수 없지
구름처럼 바람처럼 넋으로 가는 거지

- 1989년 첫새벽에

문익환: 1918년 만주 출생. 목사 · 재야운동가. 호는 늦봄. 제3~6공화국 군사정권과 맞서 투쟁한 민주 · 통일운동의 지도자였다. 1947년 한국신학대학(지금의 한신대학교)을 거쳐 1955년 미국 프린스턴신학대학을 졸업했다. 1966년에 미국 유니언신학교에서 1년간 연구생활을 했다.

휴전선 외2편

박 봉 우

산과 산이 마주 향하고
믿음이 없는 얼굴과 얼굴이 마주 향한
항시 어두움 속에서 꼭 한 번은
천둥 같은 화산(火山)이 일어날 것을 알면서
요런 자세(姿勢)로 꽃이 되어야 쓰는가.
저어 서로 응시하는 쌀쌀한 풍경
아름다운 풍토는 이미 고구려(高句麗) 같은 정신도
신라(新羅) 같은 이야기도 없는가
별들이 차지한 하늘은 끝끝내 하나인데
우리 무엇에 불안한 얼굴의 의미(意味)는 여기에 있었던가.
모든 유혈(流血)은 꿈같이 가고
지금도 나무 하나 안심하고 서 있지 못할 광장(廣場)
아직도 정맥은 끊어진 채 휴식(休息)인가
야위어가는 이야기뿐인가.
언제 한 번은 불고야 말
독사의 혀 같은 징그러운 바람이여
너도 이미 아는 모진 겨우살이를 또 한 번 겪어야 하는가
아무런 죄(罪)도 없이 피어난 꽃은 시방의 자리에서
얼마를 더 살아야 하는가. 아름다운 길은 이뿐인가
산과 산이 마주 향하고
믿음이 없는 얼굴과 얼굴이 마주 향한

항시 어두움 속에서 꼭 한 번은
천둥 같은 화산(火山)이 일어날 것을 알면서
요런 자세(姿勢)로 꽃이 되어야 쓰는가.

황지의 풀잎

언젠가는 터져야 할
나의 혁명 앞에서
나는 귀여운 잠꼬대를 한다
하나하나 저금통에 넣은
여러모의 얼굴들이
자기와 자유를 찾을 때
장엄함 깃발은 휘날리고
엄청난 행진곡은 시작되는 것
누구를 위해서 죽을 순 없다
나를 위해서도 죽을 순 없다
녹슨 철로 위에
무성한 잡풀들의 철로 위에
나의 사랑은 빗발쳐야 하는 것
이렇게 사는 것을
용서받을 순 없다
사형대 위에 사라지는 목숨일지라도
나는 어머니와 조국과
사랑의 손이 있는 것
언젠가는 터져야 할
나의 묵중한 혁명 앞에서

목이 마른 황지의 풀잎
목이 마른 황지의 태양
내가 사는 땅이 있는 한
험악한 길과 가시길이라도
더욱 굳건한 의지와 신앙으로
나는
나의 황지에
조그마한 풀잎의 욕심으로
혁명을 모독하고
더욱 사랑하련다
혁명의 아침을……

설렁탕들

이조 오백년 당쟁싸움의 나머지를
이 땅에선 잔인하게 뿌리뽑아버리자
어진 일군들 도매금으로
유배 보내거나 죽이고
또 이조 오백년의 나머지 피가
설렁탕이 되는가
정신 좀 차려요
이조 오백년의 나머지들
남한산성 북한산성 돌담을 쌓고
한 그릇 설렁탕에 원망했단다
한 사발 막걸리에 원을 달랬단다
정신 좀 차려요
정신 좀 차려요
새 백과사전 한 권 들고
새 역사책 한 권 들고
새 국어책 한 권 들고
한 사람 살지 않는 섬에서
한 여자 얻어서
이젠 내 공화국의
일학년을 만들고 싶다
알에서 태어나서 알로 돌아가는

나의 눈물

말 많은 놈들 속에서
말 많은 내가 슬프다
어린 아이와 장난삼아
동양사나 서양사를
하나하나 뒤적이며
내 스스로 유배를 당해야겠다
이조 오백년의 뒷처리들이
지금도 여기저기 남아 양반행세 한다
이젠 내 식모로 모시고
잘 섬기겠다
설렁탕 한 그릇에 싸구려
어서 자시고 떠나시오
나는 설렁탕장수에 술장수
이조 오백년의 한을 씻어드리리
멋대가리 없는 놈들 속에서
내가 시인이라고 바보야 바보야
정신나간 바보야
나는 왕이나 되어 보련다
이조 오백년의 찌꺼기들
칼을 뽑기 전에 정신차려
아무것도 아닌 것들이
허허 오늘은 웃어버리자

박봉우: 1934년 생. 광주 전남대학교 정치학과 졸. 시집 『휴전선』, 『4월(四月)의 화요일(火曜日)』, 『황지(荒地)의 풀잎』, 『서울하야식』, 『딸의 손을 잡고』 등. 산문집 『시인(詩人)의 사랑이 있다』. 현산문학상 수상.

껍데기는 가라 외1편

신 동 엽

껍데기는 가라
사월도 알맹이만 남고
껍데기는 가라

껍데기는 가라
동학년 곰나루의, 그 아우성만 살고
껍데기는 가라

그리하여, 다시
껍데기는 가라
이곳에선, 두 가슴과 그곳까지 내논
아사달과 아사녀가
중립의 초례청 앞에 서서
부끄럼 빛내며
맞절할지니

껍데기는 가라
한라에서 백두까지
향그러운 흙가슴만 남고
그, 모오든 쇠붙이는 가라.

누가 하늘을 보았다 하는가

누가 하늘을 보았다 하는가
누가 구름 한 송이 없이 맑은
하늘을 보았다 하는가.

네가 본 건, 먹구름
그걸 하늘로 알고
일생을 살아갔다.

네가 본 건, 지붕 덮은
쇠항아리
그걸 하늘로 알고
일생을 살아갔다.

닦아라, 사람들아
네 마음속 구름
찢어라, 사람들아,
네 머리 덮은 쇠항아리.

아침 저녁
네 마음속 구름을 닦고
티없이 맑은 영원의 하늘.

볼 수 있는 사람은
외경(畏敬)을
알리라

아침 저녁
네 머리 위 쇠항아릴 찢고
티없이 맑은 구원의 하늘
마실 수 있는 사람은
연민(憐憫)을
알리라
차마 삼가서
발걸음도 조심
마음 모아리며.

서럽게
아 엄숙한 세상을
서럽게
눈물 흘려

살아 가리라
누가 하늘을 보았다 하는가,
누가 구름 한 자락 없이 맑은
하늘을 보았다 하는가.

신동엽: 1930년 생. 건국대학교 대학원 국문과 졸업. 1959년 〈조선일보〉 신춘문예당선. 1961년 명성여고 국어교사 재직중 민중적 저항의식을 시로 표현했다. 대표작으로 「이야기하는 쟁기꾼의 대지」「껍데기는 가라」 서사시 「금강」 등이 있다.

아, 고구려 외2편
- 고분 벽화전을 보고
이 기 형

천 오백년 까마득한 시간의 터널을 뚫고
고구려의 휘황한 삶이 삼삼히 펼쳐져
황홀했다 자랑스러웠다
삼천리와 만부벌을 아우른 광활한 국토
동방 천하를 쥐락펴락했던 웅혼한 기상
한 가슴이 울렁거렸다
웅장해 늠름해 섬세해
옷차림은 이십세기 명동 패션을 뺨쳤다
아름다워 멋져, 날쌤과 재주를 갖췄다
오늘 우리 후손들은 면목이 없다
옛 강토는 잃고 삼천리는 동강내고
슬기로운 우리 얼도 절로의 우리 옷맵씨도
간데 온데 없고 양것 왜것만 판을 친다
말을 달리는 저 날렵한 용사
하늘을 날을 듯한 저 치맛자락의 선
되살려 꽃피워야 해
고구려 기상

천지개벽을 부르는 노래

갈라진 남부 조국
눈얼음길을 더듬거리며 생각에 잠긴다
꿈만 같구나
흰 눈 서 말을 옴싹인 나이
식민에 짓밟히고
분단에 찢기고
어둡고 험한 가시밭길
모진 세월 죽지 않고 용케도 헤쳐왔구나
가슴만은 옛날처럼 뜨거워
지상 항아(姮娥) 시인을 만나 외롭지 않다
아득한 북국 눈고향 얼음판길을 뒤돌아 걸어본다
고개 넘어 굽이 돌면
화안히 트인 아래대 백설 들판
어언 미수(米壽) 성상 인생 층층을 딛고
흥얼흥얼 삶길 세상길을 흥얼대며 걷는다
길은 아직 먼가
정치꾼들 썩은 싸움질로 밤을 지새우고
외세는 긴긴 세월 기세등등해
언론은 헛소리에 목청을 돋을 뿐
정녕, 정치가도 애국자도 없단 말인가

오천년 선열들이 발구름 뇌성을 울리고
백두산과 한라산이 깊은 멧부리 흔들어
대지진 산천둥 쳐야만 알겠나
동해와 서해가 하늘 높이 물보라 기둥을 세워
산더미 파도 영각 소리 울부짖어야만 알겠나
사천대계(四川大界) 억겁의 세월에서 보면
내 삶은 한낱 홍모(鴻毛)거니
형제여! 시간이 없다
이 순간 당장 소스라쳐
잠에서 깨어 일떠서자

- 2004년 1. 20. 용인 진산마을에서

남북

백두도 한라도
산 중의 명산
만고에 우뚝 솟았다

외인은 목놓아 운다
답답해 터지는 가슴
동강 어라연엘 갈거나
백두 삼지연엘 갈거나
어라연 물새는 슬피 울고
삼지연 나팔 소리 요란해

오! 웅대 숭엄해라
조종 성산 백두 한라
우러러 외세와 악법을 불사른다
통일꽃 칠천만 송이 만개한다

- 2005. 11. 8. 서울 서초골에서

이기형: 1917년 함경남도 함주 출생. 12세때 야학을 통해 항일독립운동에 가담한 후, 한설야, 문석주, 여운형, 임화, 이기영 등을 만나 조선독립과 문학의 역할에 대해 모색. 도쿄 일본대학 예술부 창작과 2년 수학. 1943년부터 1945년까지 '지하협동단사건', '학병거부사건' 등 항일투쟁관련 혐의로 수차례 피검되어 복역. 1980년부터 통일운동에 관여했으며, 민족문학작가회의, 창작21작가회 등 고문을 지냈다. 시집으로 『망향』, 『설제』, 『지리산』, 『꽃섬』, 『삼천리 통일공화국』, 『산하단심』, 『봄은 왜 오지 않는가』, 『절정의 노래』, 『역사의 정답』 등이 있고, 전기집으로 『몽양 여운형』, 『도산 안창호』 등을 썼으며, 기행문 『시인의 고향』, 『통일명시 100선 감상』, 『그날의 아름다운 만남』 등을 출간하였다. 2013년 6월 12일 별세했다.

푸른 철조망 외 1편

이 동 순

방어진에서
감포 쪽으로 가는 길
나는 차창 밖으로 바다를 본다
바다와 나 사이에는
녹슨 철조망이 줄곧 함께 달려가고
그리고 한 병정이
마치 정지된 시계바늘처럼 제자리에 서 있다
어느 산 구비길을 돌아서니
웬 덩굴풀이 기어올라
십리길 철조망을 파랗게 덮었다
나는 탄성을 지른다
얼마나 보기에 흉했으면
풀조차 저렇게 애썼을까

통일꽃

봄에 꽃소식이
남에서 북으로 올라가듯이
가을에 단풍이
북에서 남으로 내려오듯이
혼자 파리한 얼굴로, 휘청휘청 분계선 넘어오던
어여쁜 통일꽃이 생각납니까
내려오자마자
기다리던 오랏줄에 꽁꽁 묶인 그 꽃은
더 이상 피어나지 못하도록
햇볕 없는 어둔 방에 깊이 갇혔지요
가두면서 그들은 생각했을 것입니다
이제 더 이상 이 못된 꽃은 피어나지 못하리라
그러나 여러분
언 강물 풀린다는 우수를 훨씬 지나
지하실에 내려둔 화분에서
뾰족뾰족 고개 내미는 새싹들을 보셨습니까
대체 무슨 힘이 그들로 하여금
그토록 단단한 흙껍질을 뚫고 돋아나게 하는지
봄이 와서 이 땅이 모두 꽃으로 덮이는
하늘 뜻을 거스를 수 있는 인간은 세상에 아무도 없습니다

아, 통일꽃이 되어요
우리 모두 이 땅에 푸른 봄을 전하는
한 송이 통일꽃이 되어요

이동순: 1950년 경북 김천출생. 1973년 〈동아일보〉 신춘문예 당선. 영남대학교명예교수. 정지용문학상, 신동엽창작기금 등 수상. 시집 『개밥풀』, 『물의 노래』, 『지금 그리운 사람은』, 『철조망 조국』 外 다수. 저서(편저) 『백석시전집』, 『조명암 시전집』, 『민족시의 정신사』 外 다수.

밧줄을 타며 외 2편

채 광 석

밧줄을 탄다

히말라야 산맥 우리의 형제와 동료들의
목숨을 머금은 봉우리에 오르기 위하여
도봉산 인수봉의 바위벽, 설악산 골짜기의 얼음벽
밧줄을 탄다 기어 오른다
하나의 밧줄에 차례로 몸을 엮고 하나의 운명 되어
목숨을 걸고 한 발 두 발 비지땀을 흘리며
식은땀을 훔치며 목숨을 걸로 한 발 두 발
땡볕 아우성치는 여름이나 혹한 내리꽂히는 겨울이나
저 꿈에도 못 잊을 원한과 열망의 봉우리
꼭대기에 두 발을 딛고 새 하늘 새 땅을 보기 위하여

산사나이들 밧줄을 탄다

비바람이 밀치고 설한풍이 손끝 발끝을 흔들고
뇌성벽력이 몰아친다 해도
밧줄을 놓을 수는 없다

그것은 목숨이기에 단속반원들 우르르 달겨들어
패대기치더라도 리어카는 우리의 목숨의 줄이므로

비루먹이고 병들게 하고 꼬드김 손찌검
발길질 똥바가지질 몽둥이질 이간질
쳐대도 노동삼권은 우리의 목숨이므로 민주화는
통일은 우리의 목숨이므로

목숨을 탄다

민주 민족 민중의 산맥 우리의 선열들과 형제들의
목숨을 머금은 봉우리에 오르기 위하여
공장 농촌의 얼음벽 학교의 바위벽
벽을 탄다 기어오른다
하나의 밧줄에 차례로 몸을 엮고 하나의 운명 되어
목숨을 걸고 한 발 두 발 비지땀을 흘리며
식은땀을 훔치며 목숨을 걸고 한 발 두 발
아우성치는 압제의 손길 내리꽂히는 수탈의 손길을 뚫고
저 꿈에도 못 잊을 원한과 열망의 봉우리
꼭대기에 두 발을 딛고 새 하늘 새 땅을 보기 위하여
외치며 노래하며

민족의 아들 딸
밧줄을 탄다 목숨을 탄다

민주주의여
통일이여
질기디질긴 목숨의 밧줄이여

망향
- 귀향길

너는 타오르는가

곯은 몸 라면으로 때우며
부딪쳐도 부딪쳐 가도
돌아오는 것은 해고와 실업뿐
동지여
너는 이제 타오르는가
원수의 저임금
일당 3,080원의 시퍼런 금줄을
끌어안고
마지막 목숨의 불길로

너는 타오르는가

미친 몸 깡다구로 버티며
몰아쳐도 몰아쳐 가도
기다리는 것은 몽둥이와 감옥뿐
동지여
너는 이제 타오르는가

원수의 장시간 노동
하루 열네 시간 혹사의 시커먼 철망을
부여안고
마지막 목숨의 불길로

너는 타오르는가

자주 평등 통일의 나라
1천만 노동자의 피땀으로 범벅된 고향길을
끝끝내 가로막는
억압과 착취의 치떨리는
치떨리는 저 3·8선을
휘어감고
마지막 목숨의 불길로

동지여
우리는 타오르는가

사랑

온몸의 피 다 흘리고 눈물마저
바닥나더라도
이제 남은 것은 사랑,
미워하고 미워하며
미워한 끝에 이제
이 삶에서 가랑잎마냥 걸려 있는 것은
사랑뿐이어,
뜬세상 하염없는 소망들과
어쩌지 못할 원한들에 부대끼면서
갇히고 갇힌 나머지는
야윈 사랑,
네가 죽고 내가 갇혀 이제사 찾아온
사랑뿐,
가자
이제는 메고 온 짐 스스로 짊어지고
매달리러 가자,
먼저 간 자가 비워 두고
비워 두고
비워 두고 하늘로 떠났다는
비인 무덤에

가자,
사랑으로 고운 삼베에 싸여
사흘 잠자러 가자.

채광석: 충남 태안군 출생. 1983년 문학평론 「부끄러움과 힘의 부재」, 시 「빈대가 전한 기쁜 소식」을 발표하면서 문단활동. 민중적 민족문학론을 제기하면서 백낙청, 김사인 등과 더불어 1980년대 문학논쟁에 참가. 1974년 오둘둘 사건으로 체포되어 2년 6개월간 복역, 1980년 서울의 봄 이후 계엄포고령 위반으로 체포되어 40여일간 고문을 당함. '자유실천문인협의회' 실행위원으로 활동하던 중 1987년 교통사고로 사망. 저서 『민족문학의 흐름』, 시집 『밧줄을 타며』 등이 있다.

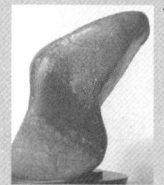
[한국시인]

일통 선생 외 1편

강 기 희

언젠가 소설가 김성동 선생께 통일이라는 글을
써 주십사 부탁을 했더만
선생께서는 통일統一이라 쓰지 않고
일통一統이라고 썼다
왜 그렇게 쓰느냐 물었더니
통일이나 일통이나 그게 그거인 거
같아도 알고 보면 차이가 크단다
주체가 다르다는 선생의 설명을 듣고 난 후부터는
나도 어디 가선 '일통입니다' 한다

두만강 뱃놀이

몇 해 전 북간도 여행길이었다
항일 혁명유적지를 돌고 난 이후
룡정으로 가서 일송정과 윤동주 시인이 살았던 생가와
시인이 다녔던 학교와
십오만 원 탈취사건 현장을 돌고
북녘땅이라도 보자며 두만강으로 갔다
우리는 버스 안에서 두만강 푸른 물에 노젓는 뱃사공
노래를 불렀는데, 두만강은
노래처럼 푸른 물이 소리도 없이 흐르고 있었다
두만강 철교 아래 널따란 주차장에 도착하니
강 건너 나라 북조선은 고요한데
중국 쪽은 주변을 유원지처럼 만들어놓곤 뱃놀이를 하고 있었다
강변으로 나간 우리는 북녘을 조금이라도 가깝게 보기 위해
뱃놀이를 하기로 했다
세월은 흘러 노젓는 뱃사공은 없고
노 대신 운전대를 잡은 뱃사공은 두만강 철교까지 올라갔다가
돌아왔는데, 배는 한순간도 강의 경계를 넘지 않았다
뱃놀이를 하며 북녘 땅을 아무리 살펴도 초병은 보이지 않고
소 몇 마리가 강 건너에서 들려오는
중국 노래를 들으며

풍경처럼 풀을 뜯고 있었다
겨울 언 강을 걸어서 넘나들기도 한다는 두만강은
여름엔 헤엄만 칠 줄 알면 훌떡 넘을 수 있을 정도였는데,
나는 푸르게 흘러가는 두만강의 수심만 짐작하다 짐작하다 말았다

당신의 심장에 얹어주는 편지 외 1편

강 상 기

　나는 해방군으로서 온 것이 아니라 점령군으로 왔다고 큰소리 친 장군이 있었다 그 외침이 있었던 해에 나는 이 땅에 자랑스러우나 서럽게 태어났다

　그래, 점령군 밑에 살아온 내 나이 75세, 남북하나 되는 것 보지 못하고 아직도 부끄럽게 살아있다 골병든 온몸은 쑤시고 저리고, 아픈 것도 일상이 되었다

　그러나 통증을 견디며 새날을 기다린다 참혹하게 굴종하며 사는 것도 더 이상 참을 수 없다

　그래, 내 가슴은 무엇에 공헌했는가 찢겨진 동포의 상처 위에 페스트균을 뿌리려는 점령군 앞에 아부했나

　희망을 버리지 못한 사람들이 잠을 자는 거리를 점령군들이 활보하는 모습에 경배를 보낸다면 눈 부릅뜨고 죽은 동포들 눈동자의 소망을 설계할 수 없다

　우리 모두는 뜨거운 심장이 추락했는가 우리는 모진 바람 속에서 신음하며 어둠에 쳐박혀 살았다

서로 숨결을 나누는 사랑하는 형제자매들이여 선인장 몸통에 박힌 가시를 제 손 아파 빼지 못하고 언제까지나 점령군의 포로들이어야 하는가

　점령군은 우리를 유리벽에 가두었다
　점령군은 우리를 철조망 속에 가두었다
　점령군은 우리를 짙은 안개방에 가두었다

　하늘에는 독수리가 선회하며 감시한다 아, 끔찍한 공허의 세월이여 우리는 새날을 보지 못하고 억울하게 죽은 튀어나온 눈망울들을 잊을 수 없다

　죽었으나 살아있는 눈망울을 들여다보고 조국을 말하라

　멈춘 물방앗간은 물이 흘러넘칠 때를 기다린다
　꺼져가는 불은 풀무질을 기다린다
　점령군을 몰아낼 유예된 시간이 눈앞에 다가오고 있다

백두산

그대의 시간 속에는 민족의 운명을 가르는
절체절명의 전투가 있었다
그대의 시간 속에는 항일선열의 풍찬노숙과
우리 민족의 영원할 승리가 있다
뜨거운 심장으로 옷깃을 여미며 그대를 노래한다

식민과 분단의 모진 비바람 속에서
장엄하게 침묵하고 있지만
그대와 산줄기로 이어진 나는
나의 조국이요 자랑인 백두산을 노래한다
그대는 유일한 공간에서 존엄을 떨치고 있다
백두산은 나의 하늘이며 꿈이며 별
이제 불안한 평온과 고요의 숨 막히는 긴장 속에
내 정신을 여기 한데 모아
순수한 열망을 바친다
그대는 세상에서 가장 큰 술잔
온 겨레가 축배의 잔을 들 통일의 날을 기다려
거기 그렇게 솟아있는 그대여
하나 되는 조국
아득히 먼 곳까지 그 아름다움을 펼쳐

희망찬 미래로 찬란한 빛을 뿌려준다

하늘빛 소망이 담긴 강건한 혈맥에는
우리 민족의 숭고한 염원이 뛰놀고 있다
그대의 품에서 아침마다 찬란한 태양이 떠오르고
눈부신 평화의 내일이 열리고 있다

백두산은 이 나라 이 겨레의 희망
봄 따라 온갖 꽃 피어나고 가을바람에 일렁이는 단풍
모든 이 노래하고 춤추는 아름다운 세상
그날을 앞당기자고
온몸으로 그대를 향하여 외쳐 부른다
오 백두산아 사랑하는 내 조국아

강상기: 1946년 전북 임실 출생. 1966년 월간 『세대』, 1971년 〈동아일보〉 신춘문예로 등단. 시집으로 『이색풍토』(공저), 『철새들도 집을 짓는다』, 『민박촌』, 『와와 쏴쏴』, 『콩의 변증법』, 『조국연가』, 산문집으로 『빗속에는 햇빛이 숨어 있다』, 『역사의 심판은 끝나지 않았다』(공저), 『자신을 흔들어라』.

사과꽃 필 무렵

고 경 하

그리운 내 고향
보고픈 부모님 떠날 때
사과꽃 필 때면
꼭 돌아온다고 했었지

그리움에 사무친 사과꽃
1950. 6. 전쟁 후 피고 져도
부모님 얼굴은 볼 수 없고
그리운 내 고향 갈 수 없었네

무슨 이유로 남북은 갈라져서
우리 가족 생이별 되었는가
잘려진 철도 이어 한걸음 달려
부모님, 친구 얼굴 보고 싶다

북녘에서 살고 있을
그리운 친구 명희도
고향 잊지 못하는 나처럼
팔순 넘은 노인네가 되었겠지

그리운 내 고향 사과 꽃 필 무렵

통일이여 하루 빨리 오라
부모님, 친구들 백두산에 올라
큰 소리로 "통일만세" 외치고 싶다

고경하: 1965. 광주 출생. 광주 송원대학교 아동복지학과 졸업. 2017년 상주동학문학제 시부문 특별상 수상 등단. 통일공동시집 『도보다리에서 울다 웃다』. 현재 한국작가회의 대구경북지회 회원. 민족작가연합 대구경북지부 사무국장.

백록담 물과 천지 물은 외 1편

김 광 렬

아무리 손짓해도 나비가 가까이 다가오지 않는 것은
내가 꽃이 아니기 때문이다

마음속에 찐득한 사랑을 담고 있지 못하기 때문이다
매서운 가시이기 때문이다

사랑이 없는 사람은 날 선 가시와 같아서
누가 다가와서 아늑하게 어깨 기대고 싶을까

눈짓 손짓 하지 않아도 나비가 나에게로 날아오고
내가 서슴없이 나비에게로 가듯

그렇게 또 백록담 물과 천지 물은
기어이 한 줄기 뜨거운 사랑으로 만나
넓은 바다로 가야한다

아직도 넓은 바다에 이르지 못한 물들은
한층 더 높고 고결해지기 위해
밤낮을 낮은 곳으로, 더 낮은 곳으로 흘러가고 있다

잿더미에 오래 묻어두었던 불씨를 지피듯

꽃을 에워싼 해와 달과 밤하늘의 수많은 별과
물과 바람과 흙과 맑은 천둥소리와 그런,
눈빛과 눈빛들이 모여 한 송이 꽃을 피워낸다

그러고 보면 한 송이 꽃을 피워내는 것은
꼭 씨앗만이 아니다 꽃나무만이 아니다
해와 달과 헤아릴 수 없이 올망졸망한 별들이다
흙과 바람과 싱그러운 물방울들이다
오가는 사람들의 애정 어린 눈길들이다
강파른 추위와 뜨거운 입김들이다
그런 것들이 고난과 시련을 주기도 하고
이겨내게 하기도 하면서 한 송이 꽃을 피워낸다

어디 한 나라의 문화라고 다르랴
그의 앞에 밝은 빛만 있으랴 어둠만 있으랴
빛이 있으면 어둠이 있고
어둠이 있으면 빛이 있는 법,
지금껏 한반도의 걸어온 길이 어둠이었다면
이제는 빛을 찾아나서야 하리
생멸을 거듭하는 우주의 운행 이치로,

같은 핏줄기와 핏줄기는
서로 만나야 한다는 뿌리의식으로,
한글로 말하고 듣고 쓰고 읽기를 하는
한민족 언어공동체라는 자부심으로,
南의 쌀과 北의 물을 합쳤을 때
누구나 잘 사는 미래가 오리라는 믿음으로,
이 눈치 저 눈치 살피지 않고
간섭도 받지 않는 자주통일 의지로,
오천년의 칡넝쿨 같은 질기고 질긴 역사로,
그런 마음과 마음들이 한 곳으로 모여들었을 때
바라는 것이 이루어진다는 것을 알면서
우리는 왜 주저하는 것인가
무슨 허울 좋은 명분이 앞길을 가로 막는가
잿더미에 오래 묻어두었던 불씨를 지피듯
이제, 조국통일의 불씨를 활활 살려내야 한다

김광렬: 1988년 『창작과비평』 봄호로 등단. 시집으로 『가을의 詩』 『모래 마을에서』 『내일은 무지개』, 『존재의 집』 등이 있음.

장군의 눈빛

김 광 원

시천주侍天主¹ 시천주, 들것에 실려 있는
녹두장군의 눈빛에서 한울을 보았습니다.
황톳재의 여린 풀들에 고이 내려앉은
일만 년의 꿈, 감격의 햇살을 보았습니다.
그 푸른 한울에는 파랑새가 날고 있었지요.
낭떠러지를 뛰어내려 훨훨 날개를 편
당신의 하염없는 눈빛 속에서
18세 동학 접주 백범 김구가 떨쳐 나왔습니다.
매천 황현의 절규와 유관순의 더운 눈물과
봉오동전투, 청산리대첩도 흘러나왔습니다.
사인여천事人如天² 사인여천,
화염에 휩싸인 전태일의 외침도 들려오고
일천만 촛불이 와~ 파도로 거듭거듭 밀려옵니다.
광화문광장, 을미 적 갇혀 있던 전옥서 터에
당신은 육갑을 두 번 돌아 올라왔지요.
보국안민 척양척왜, 저 보신각종을 울려라.
횃불은 아직 타오르고 있나니
짚신에 죽창을 든 농민군의 후예들이여,
먼저 그대들 머릿속 철조망부터 걷어내라.
백두에서 한라까지 궁- 궁- 궁- 다시 울려라.
사람이 하늘이라, 사람이 곧 하늘이라,

남과 북 하나 되어 사람 터를 널리 이롭게 하고
산과 강, 바다까지 널리 멀리 상생하라.

1) 시천주(侍天主): 모든 사람이 자기 안에 한울님을 모시고 있다는 동학의 핵심 교리로서 최제우의 가장 중요한 깨달음.
2) 사인여천(事人如天): 한울님을 공경하듯이 사람도 그와 똑같이 공경하고 존경하여야 한다는 동학 2대 교주 최시형의 핵심 교리.

김광원: 1956년 전주 출생. 1994년 『시문학』으로 등단. 시집 『슬픈 눈짓』 『옥수수는 알을 낳는다』 『패랭이꽃』 『대장도 폐가』. 저서 『만해의 시와 십현담주해』 『님의 침묵과 선의 세계』를 발간.

천둥처럼 올 그날을 기다리며 외1편
- 채광석 시인 천장식에서

김 완

시대를 온몸으로 살다간 사람 하나 있었다
우리는 그를 시인, 문학평론가,
출판, 통일, 민중 운동가로 부른다
문학은 민중적 삶의 토대에서 출발해야 한다던
그가 세상을 떠난 건 6월 항쟁이 끝나갈 무렵인
1987년 7월 12일 불의의 교통사고였다
서른아홉 번째 생일을 맞은 지 하루 만에
불꽃 같은 삶을 마감한 시인 채광석
당시 그의 주머니에는 동전 150원이 있었다
나이 마흔이 다 되도록 방 한 칸 마련하지 못한

누군가 비워두고 떠난 오월 무덤가에 가서
사흘간 잠자고 돌아오겠다던 사람은
지금까지 돌아오지 않고 있다
그 사람 채광석이 아니라 큰 사람 채광석 시인
그의 문학 생활은 5년 남짓밖에 되지 않았으나
그가 남긴 것은 어느 문학인 보다 넓고 크다

서울대를 네 번이나 제적당하면서
네 번째 복학 허가를 끝내 거부한 시인
허위보다 진실을 찾아 나선 사람

아침 이슬처럼 아름다운 영혼의 시인
경기도 양평 자하연 팔당 공원묘역에 묻혀있다
안면도 푸른 솔 금강송 같은 사내 비를 맞으며
그토록 그리워한 무등의 품 오월 영령 곁으로
33년 만에 운정동 광주 5.18 국립묘지로 왔다

한 사람이 온다는 것은 실로 어마어마한 일
그 사람의 과거와 현재 그의 미래가 함께 오는 것*
그 사람의 모든 정신과 못다 이룬 꿈까지 오는 것
그 어딘가의 구비에서 우리가 만났듯이**
평생 문학의 동지인 김남주 시인과도 만나고
그대를 흠모하는 수많은 문학의 도반들도 만나
충남 태안군 안면읍 그대의 시비에 새겨진
「기다림」처럼 통일이 올 그날을 기다리자
백두산과 한라산이 춤추고 평양과 서울의
남녀노소가 부둥켜안고 만세 부를 천둥처럼 올 그날을

* 정현종 시 「방문객」 중에서 일부 변용
** 채광석 시 「그 어딘가의 구비에서 우리가 만났듯이」

대구는 전태일의 도시이다

대구는 박정희의 도시가 아니다
대구는 전두환의 도시가 아니다
대구는 전태일의 도시이다
전태일은 누구인가
슬픔과 분노의 예수
눈물과 빛의 예수를
자기 안에 하나로 구원한 영혼이다

대구 남산동에서 태어나
서울 평화시장에서 만난
전라도 소녀들에게
차비를 아껴 붕어빵을 사주다가
불꽃으로 산화한
스스로 빛이 된 눈물이다

1979년 10월의 부마민중항쟁
1980년 5월의 광주민중항쟁도
1970년 11월 불꽃이 되어
소신공양한 전태일의 눈물이
강이 되어 이 땅 여기저기 그리고

슬픔과 억압이 있는 모든 곳에서
솟구쳐 올라 펼쳐지고 부활한 것이다

김완: 광주출생. 2009년 『시와시학』으로 등단. 시집으로 『그리운 풍경에는 원근법이 없다』, 『너덜겅 편지』, 『바닷속에는 별들이 산다』가 있다. 2018년 〈송수권시문학상〉 남도시인상 수상. 김완 혈심내과 원장.

'고향의 봄' 이 남북정상회담에 참가하다 외 1편

김 재 석

나의 살던 고향은
꽃 피는 산골로 시작하는
'고향의 봄' 이
남북정상회담에 참가하였다

복숭아꽃 살구꽃 아기진달래로 이어지는
'고향의 봄' 이
김정은 위원장에게
함박웃음을 가져다주었다

울긋불긋 꽃대궐 차린 동네가
얼굴 내미는
'고향의 봄' 이
리설주를 흐뭇하게 하였다

조선 사람이면
'고향의 봄' 을
모르는 사람이 없다는 것을
김여정이 따라하는 걸 보고 알았다

그 속에서

놀던 때가 그립습니다로 끝나는
'고향의 봄' 이
남북정상회담에 참가하였다

'고향의 봄'이 답이다

'고향의 봄'이 답이다

누군가의 이간질로
남과 북이 틀어질 때
함께 부르면 된다

너무 틀어져
손에 손을 잡고 부를 수 없으니
마주보고 부르면 된다

마주보고 부르는 것이
여의치 않을 때는
등 돌리고 불러도 괜찮다

등 돌리고 불러도
이때다 하고
뒤통수칠 남과 북이 아니다

'고향의 봄' 모르면
조선 사람 아니다

누군가의 이간질로
남과 북이 갈 길이 어려울 때
함께 부르면 된다

'고향의 봄'이 답이다

김재석: 1990년 『세계의문학』으로 등단. 시집으로 『도보다리가 답이다』외 다수.

북조선 하늘 날아올라 외 1편

김 창 규

외할아버지 고향이 백두산 아래 보인다
무산이라고 하는 사실을 잊지 않고 있다
삼지연을 향해 한 시간 동안 날아가는 내내
북녘의 푸른 산하를 내려다보니 깨끗한 조국
하늘 위의 조상님 들을 떠올렸다

백두산 가는 비행기 안의 내부를 들여다보면
아직도 조국은 고난의 행군 이후에도 어렵다
북조선 시인 소설가 동무들도 비행기를 탔다
백두산 가는 길을 함께 날아가니 기쁘다

구름도 춤추는 산맥들을 내려다보며 웃는다
인민들이 지켜온 금수강산 참 아름답다
꽃들과 새들 호랑이와 사슴이 박우물을 마신다

천지신명 내려와 목을 축이고 정일봉 아래 밀영
이깔나무 붉은 숲길을 따라 오르는 백두산 언덕
버스가 움직이자 따라오던 보름달이 일성 옆에 떠 있다
한라산까지 비추고 있다

달은 태양을 먼저 깨우고 뒤따라 장군봉에 오른다

찬란한 해가 비추자 북남문학 통일되었다
오랜 세월을 함께 살아온 문학이 하나가 되어
남북작가대회 백두산 만세를 부른다

평양 순안 비행장까지 고려항공 타고
분단 휴전선을 넘어 날아가 묘향산도 가고
거기서 다시 금강산 구경도 하고
칠보산도 가보고 싶다

김일성 종합대학을 졸업한 서른다섯 살 젊은 동무와
평양의 단고기 집도 잘 있을까
리호근 시인 동무, 홍석중 소설가 동무
안녕히 다시 만나요
건강하시라

옥류관 냉면

대동강 맑은 물 흐르는 곳
평양 유명한 냉면집 옥류관
거기서 만난 인민들이 먼저 인사를 건넨다
'반갑습니다' 특유의 억양이 싫지가 않다
냉면처럼 맛있는 인사 없다

냉면 한 그릇이 부족해서 시켰다
다시 그 맛은 또 어찌 잊으랴

냉면을 먹고 강 건너 바라보았다
거대한 주체탑이 한눈에 들어온다
대동강을 건너 탑 아래 섰다
김일성 광장이 펼쳐져 들어온다
대동강 주변으로 많은 역사적 건물들
모란봉과 을밀대 보인다

올여름에 다시 평양의 옥류관 냉면을 먹고 싶다
다시 먹을 수 있게 된다면 소원이 없겠다
옥류관 냉면 한 그릇에 모든 걱정 사라진다
지상에서 가장 맛있는 음식 중에 옥류관 냉면

고 문익환 목사 혼자서 평양냉면을 먹고
그래서 감옥에 갔다면
옥류관 냉면은 통일을 만든다 할 것이다
통일은 평양냉면으로 시작한다

나이든 시인이 북조선의 딸 만났다
붙들고 울었다
평양냉면의 힘이다

김창규: 1954년 충북 보은 출생. 1983년 〈분단시대〉 동인. 한국작가회의 회원. 충북작가회의 회장 지냄. 시집 『푸른 벌판』 외 다수. 현재 민족작가연합 상임대표. 한국기독교장로회 나눔교회 담임목사. 기억과평화 이사장.

삼천리 통일 공화국으로 가는 길 외 1편

김 형 효

깊고 깊은 밤을 가르고 온 새벽녘
짙은 어둠 속에 한 아이가 태어나 울음을 터트렸다.
그렇게 태어난 아이들이 하나, 둘 커가는 땅
그 아이들은 무럭무럭 자라서
한 살 아이가 되고 두세 살 먹은 아이가 되었다.

그렇게 10년이 지나고 20년이 지났다.
청년의 나이가 되어서도 어른이 되어서도
불구인 조국을 모르고 살며 앞서간 사람들만 바라보았다.
그 아이들은 그렇게 늙어가는 조국을 보았다.

점 하나를 찍고 선 하나를 긋고
동그랗게 원을 그리는 놀이를 하다가
어느 날 한라산과 백두산을 알았다.
그리고는 입을 닫았다.
백두대간이 뻗쳐 내리는 땅 위에서 그들은 주인이 되어 살았다.

그러던 어느 날 안녕을 묻던 윗마을 할아버지께서
굽은 허리를 펴시더니 점 하나를 찍고
안녕을 묻던 아랫마을 할머니께서는
주름진 치마를 펼치시며 선 하나를 긋는다.

거기 삼천리 통일 공화국이 있었다.

오래된 것 없이 항상 어제처럼
주렁주렁 가시가 달린 철조망을 바라보다 잠든 나는
오래된 옛노래를 들으면서 고즈넉하게
편히 잠든 이슬 맺힌 달팽이를 보면서 운다.

삼팔선을 두고 윗마을 아랫마을 오가던 사람들이 살던
전설의 나라에서 온 늙으신 할아버지께서
삼팔선을 두고 저 멀리 백두산 기슭을 지금처럼
멀고 먼 곳이라 생각하지 않고 살아온
늙으신 할머니를 그린다.
그렇게 세상의 모든 국경선에는 슬픔이 맺히고 눈물이 강처럼 흐른다.

나는 잠꼬대처럼 병든 조국을 치료하자고 외친다.
나는 잠꼬대처럼 국가보안법을 폐지하라고 외친다.
나는 잠꼬대처럼 통일 조국을 외친다.
그래야 살 수 있어서다.
나는 잠꼬대를 하는 것이 아니다.
우리가 외쳐온 수많은 통일 조국의 외침을 보고 흘러간 세월이 무심하다.

그래 하는 수 없이 넓고 넓은 광장을 찾아 하얀 도화지에 그림을 그리듯

삼팔선이라고 쓰고 휴전선이라 쓰고
분단선이라 쓰고 비무장지대라 쓰고
지우고 짓밟고 빗자루를 들고 쓸었다가
흰 페인트를 칠하고 붉은 페인트를 칠하고
그래도 안 되어서 온몸을 굴러 조국은 하나라며 울부짖다 해 넘어간 날

흰 눈이 내린다.
내리는 눈을 밟고 걷고, 걷고 또 걸어가
나 태어난 세월 1965년 겨울 날을 지나
1970년 봄 여름 가을 겨울 1980년 봄 여름 가을 겨울
1990년 봄 여름 가을 겨울 그렇게 2000년 봄 여름 가을 겨울
오늘은 2020년 여름 지나고 가을이 지나고 있다,

나 거기 우두커니 서서 바라보는 조국의 하늘
부끄러워 울어도 우는 것이 아니고
울어도 눈물이 없이 마른 눈을 부비며
내 할아버지 내 할머니 눈물의 족적을 떠올려
100년 전에도 200년 전에도 우리가 우러르던
우리의 한울님이 하나로 맺어준 삼천리 금수강산
대대로 살아온 나라 팔도강산의 메아리 소리도 지금은 없다.

아! 우리 함께 단군왕검의 하늘, 주몽의 하늘, 광개토대왕의 하늘을 찾아가자.
그 하늘 아래 없는 분단선, 그 하늘 아래 없는 휴전선

그 하늘 아래 없는 삼팔선에서 너도나도 서로 어깨 걸어 보자.
반도가 아닌 대륙에서부터 시작한 우리의 기상
백두산 흑풍구에 세찬 바람을 몰고 와 너도나도 깨우리라.
그렇게 우리가 하나였던 지울 수 없는 백두에서 한라까지 삼천리 공화국이 있다.

윗마을 할아버지께서 오늘은 굽은 허리를 펴시더니
오늘은 백의를 입은 신선처럼 백두 아리랑을 부르시며
오래전 점 찍어둔 그림을 지우신다.
아랫마을 할머니께서는 오늘은 주름진 치마를 펼치시며
오늘은 백의를 입은 신선처럼 한라 아리랑을 부르시며
오래전 선 그어놓았던 그림을 지우신다.
그리고는 두 분이 서로 만나 덩실덩실 어울렁더울렁 어깨춤을 추신다.
함께 부르는 아리랑 통일 아리랑
함께 부르는 아리랑 통일 아리랑
점 하나 지우고 선 하나 지우고
그렇게 깊은 어둠을 따라 붉은 횃불이 된
점 하나, 선 하나가 되어 분단선을 태우고 휴전선을 태우자.
거기 삼천리 통일 공화국이 백두에서 한라로 뻗쳐 불끈 하나다.

통일이 지나간다

허허 저 잘난 사람들
완장을 차고 기고만장하네.
허허 저 못난 사람들
완장에다 통일이라 새겨놓고
너냐 나냐 분열에 날밤 새는구나
허허 허허 저러니 될까
허허 허허 저러면 아니되지.
통일을 원하거든 입을 다물자고
통일하려거든 말도 아끼자고
입 벌리고 말만 소비해온 70년 세월
바람처럼 지나가고 있네.
빈 들판에 아지랑이처럼
거기 지나고 지나가고 있네.
통일이 스쳐 지나가고 있어
저 잘난 체 사이로
저 못난 사람 사람들 가랑이 사이로
허허 허허 너냐 나냐 아우성치는
입 벌린 틈새로 통일이 새어 나가고 없네.
허허 허허 너냐 나냐 말고
이 땅에 이 문단에서 저 문단 사이에서

먼저 이루시게.
통일이 거기 있네.
삼팔선이 삼천리 통일공화국을 뒤덮었듯
통일도 삼천리 통일공화국을 가득 채우고 있네.
그런 그런 너와 내가 하나될 때
그때야 통일이 올 것이네.
아니 그때 이미 우리 사는 세상이 통일세상일세.

김형효: 1965년 전남 무안 출생. 방송대학교 국문학과 졸업. 1997년 김규동 시인 추천. 시집 『사람의 사막에서』로 문단에 나옴. 산문집 『히말라야, 안나푸르나를 걷다』. 한러번역시집 『어느 겨울밤 이야기』. 저서 네팔 어린이를 위한 동화 『무나 마단의 하늘』 외 다수. 네팔어시집 『하늘에 있는 바다의 노래』. 현 한국작가회의, 민족작가연합 회원, 민족작가연합 서울·경기 지부장/출판위원회 위원장.

꽃구름 기차를 타고

나 종 영

눈물이 겹도록 아름다운 산하
꽃구름 기차가 지나간다
저 꽃구름 기차를 타고가면
새 소리 넘쳐나는 압록강변에 가닿으리
꽃이 피어도 좋고
하얀 꽃비 내려도 좋다
눈물이 나도록 보고픈 사람아
꽃구름 통일기차가 섬진강 지나간다
저 꽃구름 기차를 타고 가서
햇살 눈부신 꽃그늘 아래 한 세월
그리운 사람이 사는
따스운 마을에 내리리
눈물이 나도록 아름다운 강산
꽃구름 통일기차가 꽃비를 뚫고
북으로 북으로 올라간다
산벚꽃 피어서 좋고
꽃바람 불어서 좋다.

가재두부

계곡에서 잡은 가재를 갈아서
고운 채에 여러 번 걸러서
가마솥에 끓이면
몽글몽글 갈색 두부가 만들어진다
스무 살 독립군 항일유격대원들이
두만강 백리촌 강숲에서
끓여 먹었던 가재두부
통일이 되기 전에 두만강 건너가
들쭉술에 가재두부 나눠 먹고 싶다
꽃피는 강가에서 북녘 형제들과 손잡고
해방의 노래, 통일의 노래
함께 부르고 싶다.

나종영: 1981년 창작과비평사 13인신작시집 『우리들의 그리움은』으로 작품활동 시작. 시집으로 『끝끝내 너는』, 『나는 상처를 사랑했네』 등이 있음. 〈시와 경제〉〈5월시〉 동인으로 활동.

한반도여, 다시 새벽종을 치셔야지요 외 1편

문 창 갑

더운밥은 점점 식은밥이 되는데
따뜻한 국은 점점 추워지는데
한반도여!
아침상 차려놓고 어디로 가셨는지요

더운밥 함께 먹자고
곧 만질 수 있는 실재의 통일이 온다고
사무치게 새벽종을 치시더니
드디어 한라에서 백두로,
백두에서 한라로 겨레의 피가 돈다고
막힘없이 돈다고
새우잠 자는 이 땅의 노래들을
청명하게 깨워놓으시더니
또 어디로 가셨는지요

오셔서 다시 새벽종을 치셔야지요
이 땅의 식은 아궁이에 새 불을 넣고
이 땅의 추운 몸들, 웅크린 몸들 안아주셔야지요
쿵, 쿵 세워주셔야지요

통일이 오지 않으니

우리가 통일을 잡으러 가자고
그 길 함께 가자고
우리의 깊은 잠 깨워주셔야지요
흔들어주셔야지요

오세요, 어서 오세요
한반도여!

실향민

오일장 국숫집
다들 잔치국수 맛나게 먹는데

단 한 사람
잔치는 건져내고
국수만 먹고 있다

잔치국수는
잔치와 국수를 함께 먹는 음식
그리 먹어야 서럽지 않은 음식

잔치 없어도 잔치 있는 듯
즐거이 잔치국수 먹어도 될 터인데

저기,
잔치는 건져내는
가랑잎 같은 사람이 있다

하염없이 먼 곳 보는 사람이 있다

문창갑: 1989년 월간 『문학정신』으로 등단. 시집 『깊은 밤 홀로 깨어』, 『빈집 하나 등에 지고』, 『코뿔소』 등이 있다. 현재 한국작가회의, 한국시인협회 회원.

264묘소에서 외 1편

문 해 청

경북 안동 264 그리워
오늘도 동지와 함께 왔구나
이육사문학관 옆 산길을 따라
아카시아가시밭 붉은 황토길
독립투사 일제 저항 투쟁의 길
민족시인 민중 자주 투혼의 길

그 길을 돌아 돌아 오르내리며
찾아갔던 264묘소에서
264를 추모하는
'광야' 시낭송하고
264를 사모하는
'광야에서' 노래하며
264의 반외세 자주정신
그 실천의 삶을 상상한다

그래 이 시대 264가 살았다면
이 나라를 위해 어떤 길을 걸어갔을까
북녘 남녘 정상회담 공약은 날아가고
사법 적폐 검찰 적폐 가짜뉴스 판칠 때
과연 우리에게 무엇을 말하며

264는 우리 갈 길을 지도할 것인가

경북 안동 264묘소에서
1960. 4. 19. 미완의 민중혁명
2017. 광화문광장 촛불민중항쟁 기억은
다시 6.15 정상회담 통일실현을 위하여
내 가슴에 한마음, 한뜻을 모아
조국통일운동 그 실천을 다짐하고 있다

붉은 동백꽃 보며

오
제주 4. 3. 민중항쟁
붉은 동백꽃 보다 더 붉은
남부군의 지리산 파르티쟌
전사의 혈투 보다 더 붉은

고결한 붉은 동백꽃을 보고
푸른 하늘 하얀 구름을 보면
북녘 남녘 철책선 구분 없이
자유롭고 평화롭게 오가는
조국통일의 꿈을 꾸고 있다

아
제국의 탐욕 탐심에 의한 분단 분열
어둠속을 비상하는 파랑새 노래처럼
새봄 새날을 위해 먼저 살다가 떠난
국보법에 녹두꽃처럼 떨어진 통일열사여

조국사랑의 그 영혼이여 그 투혼이여
새봄 새날을 열어 갈 영원한 동지여

젊은 알맹이 핏빛 어리는 4월
광주민중항쟁 5월 하늘을 보며
함께할 동지, 한줌 햇살을 그리워하노라

문해청: 1960년 대구출생. 경북외국어대학교 사회복지학과, 한국어교육 복수전공 졸업. 1988년~1990년 대구노동 자문학회 '글바다' 회장. 전국노동자문학회 『너를 만나고 싶다』 작품수록. 시집 『긴 바늘은 6에 있고 짧은 바늘은 12 에』, 『우리는 하나』, 『백성이 주인이다』 외 다수. 공동저서 『도보다리에서 울고 웃다』. 현재, 한국작가회의 대경지회 회원. 민족작가연합 대경지부 지부장. 뉴스프리존 대구본부장, 프레스아리랑 남녘지역본부 본부장, 국민뉴스 영남본 부 본부장.

2021년 통일을 외쳐본다 외 1편

문 홍 주

나는 통일을 염원한다
이 말에 무수히 던져오는 질문들
"우리가 먹고 살기에도 힘든데 통일은 무슨 통일"
"통일하면 우리나라 경제적으로 손실 많아 안 좋아"

분단 70년 너머 멀리 떨어져 살았던 이산가족도
지금 우리 시대에는 진부한 것인가
강제로 가족이 헤어져 살았는지 한 세기가 되었다

그래서 나는 2021. 통일을 외쳐본다
허나 너도 나도 살기가 빡빡해서 그런 건가
누구라도 술자리 안주로 통일을 씹으면
우선 경제 손실부터 계산하는 비열한 동물 된다

우리는 본디 하나의 모습이고 같은 언어를 쓰며
같은 생김새로 살며 민족의 역사를 가지고 있는
자존감 있는 한민족이고 하나의 나라인데
왜 우리는 우리의 처음과 끝을 부정하는 것인가

우리가 과연 통일을 외치는 건 부끄러운 것인가
아니면 이제 통일이 허황된 꿈이 되었단 말인가

언제부터 통일이 조심스럽게 된 건 왜 그럴 까
통일의 독버섯 국가보안법 때문에 그런 것인가

현실은 북녘 남녘 통일이 서로 멀어진 상황이다
이럴수록 나로부터 나의 통일을 다져나가고 싶다
어느 누가 뭐라 해도
조국통일 그 날까지 북남통일 외치며 살 것이다
나의 참된 통일 노래하며 그 길을 걸어갈 것이다

그 시절 그리고 지금

1919.
아우내 장터에 파란 물결 보았는가
탑골공원 뼈아픈 울음 들었는가
그 시절 우리가 간절히 원하는 자유 찾았는가

1945.
검은 피로 물든 전범기
욱일승천기 동쪽으로 가니
태평양 건너 온 성조기
자유라는 흰 깃발 코웃음 치듯 짓밟는 구나
그 시절 찾았던 해방 진정 이것이 맞는가

1948.
태극기가 올라가고
이제 서야 큰소리 내는가 싶었는데
그래 끝이 아니었구나

100년 전 노도(怒濤) 그 성난 물결 보다
우리 그동안 더 크게 내지 못해 부끄럽다
지금 우리 그 서글픔 딛고

또 다시 작은 불빛이라도 함께 반짝여보자

우리 한 사람 작은 물결로 흐르고 흘러
세상을 바꾸는 큰 바다가 되듯이
끝이 아닌 지금이 시작인 것처럼
그 시절 시작했던 우리들의 그 마음처럼

문홍주: 1997년 대구출생. 대구 계명문화대학교 미용학과 졸업. 경산 호산대학교 간호학과 재학. 현 인터넷언론사 프레스아리랑 남녘본부 사회부 기자, 국민뉴스 영남본부 사회부 차장기자(프리랜스). 『대구이육사기념사업회』 사무처 소속 사무차장.

아기장사 외 1편

박 금 란

집에 잠시 들린 산사람 에비
대나무 숲을 서걱서걱 헤치며
산으로 가자마자
젖 물리던 에미 무명저고리
핏물 번져 뚝뚝 흐르고
서북청년단이 젖 먹던 아기장수
내던진 마당가에
삽살개가 우는 아기장수 발을
할머니 혀끝처럼 핥아 내리니
별들이 애끓어 눈물로 반짝이고
천벌을 받을 놈 천벌을 받을 놈
따오기 노래가 마을을 휘감고
에미 죽음은 그렇게 저며 갔다

죽어서도 원수를 갚는다는 귀신얘기가
사랑방마다 지펴져
굴뚝연기처럼 마을을 휘감았다

그렇게 아기장수 9살이 되어서
오빠들 떼거리로 뛰어가는 뒤를
헉헉 달음질쳐 가니

오빠들 돌멩이로 읍사무소 유리창을 박살내고
떠나간 후
아기장수 미련이 있어
돌멩이와 유리조각 널브러진
읍사무소 마당을 서성거리고
한쪽 고무신은 어디로 달아나고
유리에 찔려 피 흘리는 발
4월의 나뭇잎들이 걱정스레 마음 졸이며
내 몸으로 너 피를 닦아 주렴
아기장사 여린 나뭇잎 몇 닢 뜯어
피를 닦으며
절둑절둑 집으로 가면서도
왠지 어른이 된 것 같아 뿌듯해서
아픈지도 모르고 가슴 쫙 펴고 간다
뺨에 와 닿는 4.19의 햇살이
어머니 젖무덤처럼 따스했다

오라 남으로 가자 북으로
학생들이 외쳤던 통일 메아리
길섶에 스며들어
오늘까지 핏물석이 이슬로 맺혀

그때도 미국놈 지금도 미국놈
천벌을 받을 서북청년단 후예 국힘당
일제에 빌붙어 민족을 배반한 놈들

미제가 되살린 국힘당 무리들
만 가지 거짓으로 통일을 방해하지만
미제가 퍼 날라 준 썩은 물을
강제로 민중에게 먹이려하지만

헌신과 사랑의 결정으로 뭉친
정의의 샘물 솟구쳐
민족의 젖줄 유유히 흐르는 통일의 대하를
결코 막을 수 없다

아기장수 뗏목을 타고
통일아리랑 부르며 민중과 함께
노 저어 간다
남해에서 서해 동해 지나
두만강 압록강 넘어
민족의 성산 백두산으로

은빛 물고기

도시를 자유롭게
빛보다 빠르게 유영하며
세월을 거머쥐는
은빛 물고기 한 마리

그가 쏘아올린 부호가
하늘에 박혀
섬광으로 수놓아져
절망 덩어리 사람들의
마음을 열어젖히니

새 세상 기적처럼
현실이 되고

공장의 땀내 나는 작업복이
은빛 물고기 섬광으로
말끔해지고

농민의 손바닥에 박힌 옹이가
절로 절로 풀어지고

인류가 열망하는 혁명을
빛보다 빠른 속도로 구석구석
전파하는 은빛 물고기 한 마리

반짝 반짝 은빛 비늘에 쟁여진
희망의 향기
절망에 쓰러진 그대 코끝 스치니

인간이 인간답다 낭만의 향기로
온 세상 빛 초롱 드니
혁명이 따로 없다

우리가 그리워하는 신비의 은빛 물고기
국가보안법이 막아서도
바로 곁에 있네

박금란: 1998년 전태일문학상, 2013년 정선아리랑 문학상 수상. 시집으로 『천지의 맹세』. 민족작가연합 공동대표.

교동도에 가서 외 1편

박 몽 구

임진강 하구와 황해가 만나는
최북단 교동도 대룡시장에 들러
황해도 피난민들이 즐겨 먹던 멸치국수에
감자전을 곁들여 초여름 허기를 달랜다
사흘이면 포화 그친 어머니의 땅으로 돌아가리라
주머니에 넣어온 감자로 빚은
어머니 손맛 그대로란다

젓가락을 놓은 뒤에도 남는 맛 따라
바다 건너 연백 땅 가까운
섬 최북단 밤머리산 망향대를 찾았다

70년이 넘도록 그어진 금단의 선
건드리면 발목 지뢰가 터져
발마저 묶이고 말리라는 공포
초여름 공기를 차갑게 가라앉힌다
하지만 막상 망원경에 눈을 갖다 대자
살풍경은 남북을 자유롭기 오가는 갈매기 날개며
눈을 맑혀주는 듯 초록만 넘친다

초점을 이리저리 맞추자

연백 땅 마을길을 걸어가는 몇 사람
무논 갈아엎기에 바쁜 농부들이
지척인 듯 또렷하게 보인다
그 옆 공터에서 공을 차는 젊은이들
갈매기 날개에 얹혀
더 가깝게 다가오는 듯하다

바로 곁인 펼쳐지는 북쪽 고향 풍경
이 땅을 갈라놓은 것은
차가운 강물을 떠다니는 발목지뢰 아닌
보이지 않는 곳에 숨은 욕망
형제들에게 건네준 증오의 총 건네준 채
은밀하게 무기 공장을 돌리는
두 얼굴을 가진 야만이라고 말해준다

뭍으로 닿는 다리 놓이면서
북적거리는 교동도 대룡시장 인파 속으로
사흘이면 다시 만나리라던 약속
지켜줄 사람 찾아 두리번거리던 갈매기들
서울 쪽에서 몰려드는
검푸른 저녁 하늘에 한 점으로 삼켜진다

교동도 해무

와락 오지랖 활짝 열어젖힌 물안개 속으로
모처럼 새 옷으로 갈아입은
봄 풍경들이 묻혀 들어가고 있다

언 땅 깨고 여린 두 팔 들어올리고 있던
팥배나무 순백의 싹들도
제비가 찾아낸 하늘길도 묻히고
인적 끊긴 교동 나루에 엎드린 민가들
바다 건너 접적마을 전시용 가옥들
수묵화 가장자리라도 된 듯
묽게 번지고 있다

지척에 고향을 두고도 가지 못하는 사람들
가슴 가득 역류하는 슬픔을
모른 체하며
북쪽 연백 시장을 그대로 옮겨서 지은
대룡시장 낮은 처마들에는
객지맛 자아내는 사람들로 붐빈다
쌀 한 톨 구할 수 없어서
한 그릇으로 열로 나누었다는

팥죽 한 그릇 별미로 비우고 일어서면
어느새 따뜻하게 타던 황금색 저녁놀….
오늘은 그나마 검푸른 해무
큰 품속으로 서둘러 빠져들고 있다

경계 없는 바다에 그어놓은
금단의 선
부질없는 일이라는 듯
안개 이불로 따뜻하게 감싼 저녁

돌아갈 길 소실점을 만난 듯 지워져도
하나도 두렵지 않아
수묵화의 한 점 자리를 찾아
느긋하게 발걸음을 옮긴다

박몽구: 1977년 『월간 대화』지로 등단. 시집 『칼국수 이어폰』 『황학동 키드의 환생』 『단단한 허공』 등 상재. 한양대 대학원 국문과 졸업. 한국크리스찬문학상 대상 수상. 계간 『시와문화』 주간. 한국출판연구소 이사장.

통일이 되지 않으면 외 1편

박 완 섭

통일 되지 않으면
남북이 통일 되지 않으면
해방은 없다

해방 되어도
통일 되지 않으면
남북이 통일 되지 않으면
해방이 아니다

진정한 해방은
통일이 되어야 찾아오는
손님

절름발이 해방으로
비틀거리며 쓰러지고
다시 일어서서 통일로 통일로 가는
발걸음이 없으면 진정한 해방은 요원한

식민지보다 참혹한
우리끼리 싸우다 죽고 죽이는
참상을 저지르며

우리 손으로 분단의 철조망을 높이 쌓는

우리 마음에 미움 분노 걷어내지 않으면
진정한 해방 통일은 없는
서두르지 않으면 36년의 36년
74년의 74년이 흘러도 이루어지지 않는

밥 먹고 제일 먼저 해야 할 일은
화장실 가는 것보다
통일 먼저 해야 하는 일

우리는 가야 한다

우리는 가야 한다
철조망이 있으면 철조망을 걷어내고
국가보안법이 있으면 국가보안법을 폐지하고
우리는 북으로 가야 한다
북한 때문이라고
김일성 김정일 김정은 때문이라고
북한 욕만 하며
미국과 함께 북침 연습 훈련만 하는
우리는 3대 세습 독제 국가보다 못한
우리는 식민지 노예국가이다
내가 식민지 노예인지도 모르는 노예로 살면서
북한만 욕하면 다 되는 것처럼
분단을 정당화 하며 살아왔다
우리 스스로 분단의 철조망을 높이 높이 쌓으며
우리 스스로 식민지 노예로 살아 왔다

박완섭: 1965년 전북 남원 출생. 1998년 『문학21』 등단. 시집 『핸들을 잡으면 세상이 보인다』 『느티나무의 꿈』 『한반도의 중심은 사랑이다』 등이 있음.

바라보다 외 1편

박 원 희

한강을 바라보다
느리게 흘러가는 강물을 바라보다
저 물은 흘러 결국 바다로 가는
하나의 꿈을 바라보다
김포 지나 강화 북으로 임진강을
휴전선 같은 세월을 바라보다
서해 바다에서 하나로 합쳐지는 물줄기
언젠가는 하나가 되는 세상
통일이 되는 꿈을 바라보다
자유로 따라 늘어선 철책
초병의 눈초리에 물드는 석양을
바라보는 끝
남북이
같이 물드는 저녁을 바라보다

시끄러운 노래

나는 이 시끄러운 나라에 사는 것이 행복하다
매일 무언가 해보고 싶은 것들이 일어서는 나라가 행복하다
부끄러운 보따리를 풀어헤치며 하나씩 해결해 가는 것이 행복하다
감출 것이 없어진 나라가 행복하다
80년 100년 전의 암울했던 현실
깜깜한 밤길을 승냥이가 난무하는 길을 가던 선조들
70년 전 분단의 비극을 겪으며 반목의 세월을 견딘 아버지의
아버지의 그 아버지를 생각하면 눈물이 나고
다 벗고 마음까지도 잃어버린 역사 앞에서 우리는 빚진 자
나는 나라가 시끄러운 게 행복하다
조용하면 나라인가
수천만 일억이 모여 살며 더 시끄러운 나라
행복은 크게 올 것인데
아침 해는 동해를 일으켜 세우며 붉은 색으로 온다
세상을 태우며 가슴을 태우며 온다
휴전선 깊이 물든 단풍도 타고
가슴도 활활 타오르는
11월에 앉아
언젠가 시끄러운 더 시끄러운 날을 기다린다
장마당에 보따리를 풀고

온 민족이 한풀이 하는 날 시끄럽지 않고
행복할 수 있으랴
그날이 오면 나는 나오지 않는 목소리로 노래 부르리라
행복에 겨워 시끄러운 노래를
목소리 터져라 부르리라
통일이 오면

박원희: 1963년 청주 출생. 1995년 『한민족문학』 신인추천. 시집 『나를 떠나면 그대가 보인다』 『아버지의 귀』 『몸짓』. 시를 배달하는 사람들 엽서시 동인. 충북작가회의 회원, 민족문학연구회 회원.

오월의 분수대

백 수 인

80년 오월 광주
아무도 들어올 수 없는 외로운 섬이었다
파도조차 닿지 않은 피 묻은 감옥이었다

우리들은 매일 도청 앞 분수대를 중심으로 모였다
노무자도 식당 종업원도 대학생도 고등학생도
회사원도 교사도 운전기사도 청소부도
우리들은 모두 시민의 이름으로 평등했다

분수대는 더 이상 물을 뿜어내지 않고
시민들의 열정만을 뽑아올렸다
분수대 난간에는 누구든 올라 소리칠 수 있는
자유가 펄럭이고 있었다
어떤 이가 마음속 울분을 토하면 그 분함이
모두의 가슴 속에 메아리쳤다
어떤 이가 올라와 "살인마 전두환"을 규탄하면
모두가 일어나 박수로 환호했다
그 때였다
어떤 이가 나가서 한 옥타브 높은 소리로 외쳐댔다
"미국 항공모함이 부산항 가까이 오고 있답니다!"
우리는 박수를 치며 흥분했다

정의의 나라 미국, 세계의 민주경찰 미군이 오면
독재의 뿌리, 군부의 불의와 역리를 뽑아내고
그 자리에 민주주의를 꽃피울 정의 세상을 꿈꾸었다
빛나는 햇살이 금남로에 출렁였다

며칠 후 새벽 광주는 침몰하는 섬이 되고 말았다
하늘에서 총탄이 비처럼 쏟아지고
도청을 지키던 시민군들의 붉은 피가 금남로 위에 홍건했다
시민들의 가슴 가슴엔 피멍 같은 구멍이 송송 뚫렸다

전두환은 광주를 그렇게 짓이기고
광주의 민주 열망을 폭파시키고
기어이 "대통령 각하"가 되었다

우리는
미국이 민주의 편이 아니라
정의와 평화의 사자가 아니라
세계 시민의 인권을 존중하는 나라가 아니라
미국 말 잘 듣는 '각하'의 편이라는 걸
비로소 알게 되었다

우리를 지켜주는 형제의 나라 미국
굶주린 우리에게 밀가루를 공짜로 주고
세상에서 가장 도덕적이고 민주적인 나라로 숭상해야 한다고
유신 시절 귀에 못이 박히게 배워온 우리들의 가슴에서

어느새 성조기가 불타기 시작했다
광주에서 부산에서 대구에서 미문화원이 불타기 시작했다

백수인: 전남 장흥 출생. 2003년 『시와시학』으로 등단. 시집 『바람을 전송하다』, 시론집 『소통과 상황의 시학』 『소통의 창』 『현대시와 지역 문학』 등이 있음. 민교협 공동의장, 5·18 기념재단 이사, 한국언어문학회 회장, 한국어문학술단체연합 대표, (재)지역문화교류호남재단 이사장 역임. 현재 조선대학교 국어교육과 명예교수.

미국자리공

신 정 주

엉겅퀴 개망초꽃 홀애비꽃대 쥐오줌풀 얼레지 복수초와 괭이풀 꽃
이름도 헬 수 없이 수많은 우리의 어여쁜 야생화
향기는 온 산천을 휘감고, 봄 여름 가을 겨울 새초롬히 미소를 짓는데,
미군 군홧발에 묻혀 우리 땅에 들어온 미국자리공이
어느새 남녘들에 자리를 빼앗고 또아리를 틀었네.

먹지도 못하는 독초!
재래종 장녹과 비슷하게 모양을 갖추어 속이고
땅을 산성화시켜 우리 꽃을 잘 자라지 못하게 하는 양키 풀
없애려 하면 또 싹이 트니
뿌리째 뽑아내어 태워 없애야 하는 미국자리공
그 뿌리는 살충제를 만들어 들녘 풀까지 죽이니,
말썽 많은 풀이 꼭 미군 놈의 속마음 같아
우리 땅에서 깡그리 뽑아 없애야겠네
그 미국자리공을 보면 남한을 침략한 미국놈을 보는 것 같아
이내 마음이 곱지 않아 어둡고 씁쓸해지네.

신정주: 『자유문학』 신인상 시부문 2회 추천완료. 시집 『가난한 화가의 아내』 『물고기뼈만 그리는 화가의 아내』.

빨갱이 · 6

심 종 숙

나는 빨갱이
빨간 모자를 쓰고
빨간 가방을 들고
빨간 코트에다
빨간 구두를 신고
남녘과 북녘의 경계를 넘어
빨간 모자처럼 걸어가지
늑대를 만나면
이젠 안 속아
절대 안 속아

나는 빨갱이
양갈래 머리를 묶고
빨간 치마를 입고
빗자루 타고 종횡무진으로
산 넘고
바다 건너
휭휭 나르는 나는
즐겁고 앙증맞은 빨갱이
가는 곳마다
한 송이

두 송이
붉은 꽃 피워
먼저 간 님의 영전에 바치며 가는
나는 빨갱이
이념도 사상도 넘어서
무위의 빨갱이
누가 나에게 빨갱이라 손가락질하면
나는 하늘로 날아오를 거야

그 꽃, 4월에 핍니다 외 1편

아 사 달

4월입니다
꽃들이 다투어 피어나는 봄입니다
해방이 온 줄 알았던 그때
4월에다가 총을 쏩니다
진달래의 영토에 불을 지릅니다
통일과 자주의 씨앗머리는 죄 말려버리자고
사대와 배족의 죄를 진 놈들이 도리어 미국을 끌어다가 제 백성의 꽃을 태웁니다

4월입니다
사랑하는 조국을 압제에 둘 수 없어서 당당하게 어깨 펴고 남북이 함께 살고 싶어서 친일배
족반역무리들은 물러가라 외칩니다 친일배족의 무리가 죽지도 않고 살아서 또 총을 쏩니다 더
이상 조국을 범하지 말라
외치는 주먹에다가 총을 쏩니다
겨우 중학생 앳된 아기들에게 총을 쏩니다 4월입니다
제주로 가는 배 안에서 그저 가만있으랍니다 무책임하고 뻔뻔한 배족의 후예들이 다시 살아
서 아이들에게 꽃이 되지 말라합니다 그 평안한 바다에서
아무도 건져올리지 못하, 아니 건지지 않은 사대배족반역의 무리들은

진도 앞 바다에서그저
자기들 체면만 건져가지고 왔을 뿐,

4월은 그래서 부활입니다
봄밤에 은밀히 밀고 올라오는 모든 꽃들의 향기
총을 맞아도 불을 질러도 숨구멍을 틀어막아도
기어이 피어야하는 이 땅의 그 모든 꽃!
꽃이 피는 것은 그래서 혁명입니다
아직, 반역과 기만의 악취가 진동하는 땅이지만
이 땅의 꽃들은 피고 또 피어서
그 향그로운 꽃잎만으로도 짐승들의 준동을 쓸어냅니다 멈추지 않고
피어나서 부지런히 피
어서
살아내는 꽃의 평생,
4월의 발화는 혁명입니다!

다시 거기서

환희의 그날을 유보합니다
껍데기뿐인 독립을 유보합니다
통일이 아니면 죽음일 뿐,
온 겨레의 긍지와 자존이
겨울비 젖은 단풍잎처럼 추락하는 때,
삿되고 헛된
모든 기대와 희망을 유보합니다
애초 우리가 서 있던
만주와 간도의 총성만 희망입니다
봉오동과 청산리, 보천보의 깊은 골짜기만 희망입니다
해삼위와 하얼빈의 의연한 총성들만 희망입니다
우리는 다시 적들과 맞서야 합니다

100년 탈선한 역사를 곧게,
살리는 역사의 레일 위로 누가 뭐래도
우리가 주인이 되는 통일의 신작로로 올려놓는 것만이 희망,
아스팔트에 씌었던 시는,
광장의 하수구를 따라 씻겨갔습니다
우리의 노래는 더러운 거품이 되어 뒤이어 흘러갔습니다
쉴 새 없이 우리가 우리를 기만하는 동안

친일과 반역과 반민족과 반민중을
직업으로 하는 놈들의 아궁이에서
역사가 불타고 양심이 불타고
순정한 사람들이 불에 탑니다
온갖 것을 돈으로 재단하는 사이
식은 가슴과 텅 빈 머리
비가 와도 젖지 않는 허무,
맹랑한 눈빛을 깨뜨리고
가야할 데를 가고, 서야 할 자리를 찾아
지켜야, 지켜내야 합니다
불꽃을 갈아,
터무니없는 어둠을 갈기갈기 찢어버려야 합니다,
거기서 우리는 만나야 합니다
팔리지 않는 양심이라서 버리지 말고
아무도 사주지 않는 역사라서 지우지 말고
우리는 거기서 희망을,
다시 만나야 합니다

백두산 천지 외 1편

안 명 옥

백두산에 올랐다
오르는 길가 야생화가 반겨주면서
힘에 부치는 나를 응원해주었다
축복처럼 하늘이 열렸다
자욱하던 안개가 걷히고 드러난 장엄한 얼굴
신비로운 초록 눈동자가 나타났다
깊은 우물처럼 숱한 고민들이 고여 있어도
악취가 나지 않았다
비명이 쏟아지던 거리를 지나온 신발들도
전사처럼 살았던 일상들도
백두산 천지 앞에서
입을 다물고
가만히 바라보았다
뜨거운 눈물이 흘러나와
천지로 떨어졌다
그리운 것들을 다 담고 있어
자꾸만 눈을 맞추고 싶은 깊은 눈동자
어떤 역경이 있어도 꿋꿋하게 자리를 지키는
푸른 마음을 가진 사람의 해맑은 눈동자처럼
복을 지어야 볼 수 있다던 세계를 보니
이젠 원이 없다고 중얼거리며 발길을 돌리는데

우리는 하나라고 맥을 일러주며
겉옷 자락을 적시며 울던 백두산 하늘

봄날, 금강산에 오르다

오래 기다린 사람들끼리 금강산에 오른다 긴 탄식을 날려버리던 봉래산
바람들 언제 이 흙을 밟을 수 있을지 다시 온다는 약속을 남은 생애동안
지킬 수 있을 런지 기나긴 시간 풍화와 삭박작용으로 만들어진 기묘한 봉우리보다 천태만상의 기암괴석들보다 산에 쓰여 있던 대문짝만한 글자가
눈에 더 들어오고 볶음머리를 한 풍악산 안내원 미소가 푸르게 눈부셨는데
손을 흔들어도 굳은 표정의 북한 어린이 지나가고 실패는 영원하지 않다고
굴복하지 않는 용기로 동해로 흘러드는 개골산의 남강 온정천 천불천 선창천
서해로 흘러드는 금강천 동금강천들의 물들은 하나 되는데 아름다움에 허기를
채워주던 풍경과 서로 할퀸 자국을 어르고 있던 금강산의 햇살 그리고 구름들

안명옥: 1964년 경기화성 출생. 성균관대학교 문과대학 중어중문학과 졸업. 2002년 『시와시학』 제1회 전국 신춘문예 시 등단. 시집 『칼』 『뜨거운 자작나무숲』 『달콤한 호흡』, 서사시집 『소서노』, 장편서사시집 『나, 진성은 신라의 왕이다』, 창작동화 『강감찬과 납작코 오빛나』, 동화 『금방울전』 『파한집과 보한집』, 역사동화 『고려사』 등. 성균문학상, 바움문학상 작품상, 만해 '님' 시인상 우수상, 김구용문학상 등 수상.

화상면담 외 1편

양 희 철

안녕하셨어요
안녕!
맞잡고 싶은 손 아껴두고
서로 손 흔들었어라

얼마나 그렸던가 얼마나 보고팠나
내 자매 내 형제 한 식솔 한 핏줄인데
외로웠지, 무섭지나 않았을까
허기에 지쳐 쓰러지지나 않았을까
이국땅 이역만리 미국에서
유색인종이라 인종차별 서러웠지만
협력 상조로 삶을 개척하신 동포들
자랑스럽습니다 우러르게 됩니다

홍안에 넉넉하신 모습 김회장님
환하신 얼굴로 맞아주신 한의사, 추선생님
고개 끄덕여 긍정적이신 여성, 이선생님
눈물 지으시며 안타까워하시는 송여사님
대학원과 학부생인 미리, 성민 학생들
만나니 반갑고 이리 좋은 걸
만리의 거리 좁히니 눈앞 함께 한 자리

이 정갈한 기운
조국통일에 까지 다 닿았으면,

웃으실까 울음 솟아 연민의 정이리라
센머리 흰빛이 서러움 일게 했나
그리운 가족 만나야 하는데
통일을 보셔야 하는데
평양으로 이차송환 되셔야 하는데
읊조린 말씀에
서울에서도 함께 울었어라
평양시민 김련희님 얼마나 쓰렸을까
사무친 그리움 속으로 감아안으셨을 련희

회장님 배려의 말씀 상견례에 보태셨고
간절을 응축시켜 모임을 지도하신
권오헌선생님의 날선 말씀 새기며
어젯날 딛고 바른 오늘 세워라했네

양원진 김영식 박희성 양희철 이차 송환자
어찌 네 분 뿐이리오
처진 어깨에 지팡이 보이기 싫어 결석했어라

푸르른 고국산천 뒤에 두고
제국의 시민되어 고국 그리는
그 아린 가슴 다독여 접으시고

고국의 동포에 기우리시는 애틋한 사랑
독재 군사정권 횡포와 만행이
조국을 떠나게 했지만 마음은 조국에 있다고
일본 36년에다 양키점령 75년 고난의 세월
외세가 가른 민족과 강토
어느 때나 되려나 통일이
한미방위조약 사슬 녹슬었고
IMF가 삼켜버린 금융과 경제
워킹그룹의 무소불위 그 위세지만
테프트 가쓰라가 분만한 한 탯줄이리니
그것들도 갈 것, 당연히 없어질 것

뜻없음을 통곡했던 어젯날 딛고
희망찬 새날 새 아침의 태양 맞으리
모두가 함께 기뻐할
새날을 맞자고 미주와 서울에서
손 흔들어 환호하며 얼굴 익히며
언약했어라

영원히 안녕

어릴 적 철없이 되는대로 놀았지만
일제의 야만성 몰라 둬두었을까만
미제의 악랄성 알고도 비껴갔을까만
모자란 지혜 힘 또한 부쳤으니
지난 후에야 한탄 개탄 통탄했어라.

어른이 되어서 알았네
제국주의 녀석들 전쟁은 필수라는 걸
점령지 분할하다 또 전쟁
인명이 대수랴 살상은 예사
강탈 강간 갖은 악행으로
당한 우리 정신 들게 해 고맙다
모든 고난 겪고 난 지금
선악시비 가릴 줄 알게 해 고맙다

힘이 있어야 살 수 있다. 힘을 길렀고
과학이 뒷받침돼야 튼실할 거라
그렇게 했다
그러니 물러가라 너희 땅으로
싸드 안고 병졸들 앞세워 가거라

태평양 넘어 너희 땅으로

힘에는 힘 평화엔 평화로
핵에는 핵미사일엔 미사일로
대륙간탄도에 수중발사 탄도탄으로
대답해주리라 너희가 바라는 대로

나는 행운아
단군겨레 조선인으로 태어난 걸
화려강산 아침은 빛나라
아름다움 누리며 살
우리가 맞는 통일세상 좋아라 기뻐라
그래서 양키들이여
지구상에서 영원히 떠나라

뿌리 외 1편

우 동 식

  얼핏 넘겨짚어도 칠순 넘는 듯한 덥수룩한 수염 어스름한 옷차림의 노인이 옥상 화단 마디풀 뽑고 있는 나를 찾아와 안쪽 깊숙한 호주머니에서 너덜너덜 빛바랜 종이 한 장 불쑥 내민다

  '서기 1953년 7월 16일 00지구에서 전사'

  삼촌의 유해를 찾는다
  누구도 거들떠보지 않는 어느 산야 계곡에서 어머니를 부르다 흙이 되고 물이 되고 바람이 되었을.

  '내 죽기 전에 꼭 해야 할 일이네'
  '뿌리가 다르면 줄기가 다르고 줄기가 다르면 아지兒枝가 다르지 않은가'

  질기디 질긴 말씀이 뽑아도 뽑아도 뿌리를 다시 뻗어 줄기 내밀고 마디마디 잎겨드랑이에 홍백색 잔 꽃이 핀다

칡꽃가족

사람의 발길 닿기 힘든 곳
비탈이든 벼랑이든 가시밭 일지라도
칡넝쿨이 길을 엮어 꽃을 피운다

달팽이에게 잎 넓은 그늘 잠 내어주고
털장님노린재에게 꽃향 내어주고
콩풍뎅이에겐 꽃잎 몇 잎 내어주고
왕가위 벌은 아예 꽃술에 몸을 풀었다

스스로 버리고 던져 꿈의 마을 이룬다

우동식: 1967년 경남 함양 출생. 2009년 『정신과 표현』으로 등단. 2015년 『리토피아』 신인문학상 수상. 시집으로 『바람평설』, 『겨울, 은행나무의 발묵법』. 현 여수일보 편집위원. '시 읽어 주는 남자' 연재. 해설집 『바다 갤러리』가 있다. 현 한국작가회의 회원.

양키 고 홈 외1편

윤 석 홍

부산 오류도에서
동해안 7번 국도나
해안선 따라 올라가다
해파랑길이 끝나는
통일전망대에 올라
북녘 땅 바라보며
'조국은 하나다'
시집을 꺼내 읽는다
한반도기에 쓴 '학살 1, 2, 3'
종이 비행기로 접어
북으로 날려보내고
금강산 삼일포 향해
'조국은 하나다' 라 외치자
'양키 고 홈 양키 고 홈' 하며
메아리로 되돌아 온다

* '조국은 하나다' 김남주 제 3시집.

인공기

하늘은 푸르렀고 혹한의 추위도 물러간 그날이었다네
강릉올림픽선수촌 국기 게양대에 북한 인공기 휘날리고
북한에서 온 선수단 입촌식 행사가 있다는 소식에
파란 눈 노란 머리 크고 작은 카메라가 가득한
그 작은 공간에 술렁임도 멈추고 바람도 멈추었다네
빨간 바지에 하얀 상의 입고 등장하는 동포를 만났다네
당당한 발걸음에 미소 지으며 손을 흔들어주었다네
북한 국가가 연주되자 천천히 인공기가 올라갔다네
누구는 흐느끼고 눈물을 훔치며 어깨를 들썩거렸다네
잠시 후 신나는 음악이 들리고 비보이 춤을 추자
아무도 반응이 없었고 로봇처럼 서 있었다네
쾌지나칭칭이 나오자 굳었던 몸들이 저절로 풀렸고
마스코트 수호랑과 반다비도 손에 손잡고
원을 그리며 신명 나게 춤추고 웃음꽃 피어났다네
감동이었다네 눈물이 나오는 걸 애써 참고 참았다네
조선민주주의인민공화국 원길우 올림픽선수단장이
화해의 벽에 써 내려간 붉은 글씨가 멋져 보였다네
모란봉호 타고 남으로 내려온 삼지연관현악단은
'반갑습니다'를 시작으로 무려 다섯 곡이나 쉬지 않고
힘차게 연주하는 걸 들으니 답답했던 속이 후련했다네

노래로 하나되는, 스포츠로 하나되는 한민족 아닌가
마음이 울컥해지고 가슴이 뜨거워졌다네
올림픽 끝날 때까지 태극기와 인공기도 펄럭였다네
그들은 돌아갔고 남한과 북한 정상이 만났지만
통일은 여전히 풀 수 없는 매듭처럼 견고했다네

윤석홍: 1987년 무크지 『분단시대』로 작품활동. 시집 『저무는 산은 아름답다』 『경주 남산에 가면 신라가 보인다』 『밥값은 했는가』 『북위 36도, 포항』, 여행산문집『길, 경북을 걷다』 등.

마지막 동백 외 1편
- 전옥주

이 민 숙

여인들은 여자를 벗으며
밤새 식은땀을 흘린다 어느 날부터
더 이상 간직할 자궁이 없어 흘러내리는 액체
버릴 수도 껴안을 수도 없는 붉디 붉은 꽃잎
후두둑! 쏟아지는 벼랑 끝에서
날개마저 젖어 날 수도 없는 노을에 터벅터벅 닿는다
시도 때도 없이 휘몰아쳤던 열애의 봄비
찬 샘물 뜨거운 비등점으로 솟구치던 첫사랑 뒤로 하고
서러운 정점에서 온몸을 뒤척인다 문득, 마음을 바꾸고 새벽을 바꾼다
또다시 떠오르는 태양아, *노래하고 불타고 달아나라!!
어둠의 빛 별리의 사랑 마지막이라는 우주가 꼬리를 물고 달려오리니
전옥주* 그녀, 세상의 처절한 소리로 우주를 흐르게 하였으니

*파블로 네루다의 시에서
*전옥주(1949-2021): 80년 5.18 때 가두방송으로 시민들에게 참상을 알림. 모진 고문으로 정상의 삶을 살지 못 함.

뻘

밀물 따라 놀았다 뒤돌아보니 텅 텅 빈 썰물,
또 한 번 뒤돌아보니 쏴아아 밀물,
뒤돌아보지 마라 아들아 딸아
보이는 건 억 겹 게 발가락들의 꼼지락 뿐!
우리네 추억 우리네 핏줄 우리네 평화
밀물 썰물처럼 서로를 품어 안고 한라에서---
---백두까지 한 바다의 뻘로 살아가면 그 뿐!

이민숙: 1998년 『사람의 깊이』에 시 발표하며 작품 활동시작. 시집 『나비 그리는 여자』 『동그라미, 기어이 동그랗다』 『지금 이 순간』. 샘뻘인문학연구소(http://cafe.daum.net/bandc)에서 책읽기, 문학아카데미 운영하고 있음. 한국작가회의 회원.

인지상정

이 용 건

부모 자식이
형제들이
만나고 싶을 때
만나고
걱정스러운 일이 생기면
걱정하는 것은

남녘과 북녘의 형제들이
오순도순 정을 나누고
서로의 형편을 걱정하는 것도

저 악의 제국, 미 제국주의가
이를 가로막아도
어떻게든 그것을 뚫는 것이

주한미군을 몰아내고,
경의선과 경원선을 연결하고,
개성공단을 살리고
금강산 가는 길을 여는 것

이용건: 1979년 부산출생. 한국방송대학교 국문과 재학중.

굳세어라! 통일조국

전 재 진

마검포에 가면
묘향산 산 내음을 가득 안고
대동강 물결 따라 고향 찾아온
하늬바람이
파도를 나른다.
바람아 바람아 하늬바람아
이제 온몸을 비벼대며 장막을 거두자
이제 뼈와 살이 강토 산하에 묻히도록
북이 먼저 남이 먼저
통일을 나르자
아! 동포여!
조국통일의 그 날을 준비하자!
아! 동포여!
환국 배달 조선을 다시 세우자!
오고야 말 그날에 사람들과 평화를 나누자!
일제 침략이 꽁무니를 빼고
미국 패권이 줄달음 놓을 것이니
홍익인간 세상에서
고구려 옛땅을 회복하는 그날까지
굳세어라! 통일조국

남과 북의 만남 외 1편

정 대 호

통일은
남북의 정상들이 나무 다리위에서
악수를 하는 것에서 오지 않는다.
통일은
남녘 바다의 물고기가 북녘 바다로 가듯이
북녘 하늘의 바람이 남녘 하늘로 오듯이
남과 북의 사람들이 오고가며 섞이어
웃고 떠드는 사이에 온다.
내 말에 누군가 귀를 기울이듯이
너의 말을 들으며 고개를 끄덕이는 사이
우리들은 어느 새 강을 건너고 산을 넘어서
마음 속 철조망을 하나씩 걷어낸다.

우리들의 새 세상

징검다리 돌 위에 앉아서 보라
강물을 거슬러 오르는 피라미들
파닥거리며 힘차게
꼬리치는 저 몸짓을 보라
우리들의 살아가는 몸짓들이
강물을 거스르고
돌다리도 지날 때
남과 북을 나누어 가두는 이념들도 허물어 내릴 수 있다.
강이 살아 있다는 것은
피라미들이 제 멋대로 다니며
생명력이 넘치기 때문
우리가 통일이 되어야 하는 것도
우리들 모두가 꿈과 희망을 가지고
파닥거리며 살 수 있는 나라를 만들어야 하기 때문
저 피라미 한 마리도
힘차게 살아갈 수 있는 세상은
몸을 가두고 생각을 가두는
굳은 장벽들을 넘어야 한다.
강물의 피라미들이
물살도 거스르고 바위도 지나서

제멋대로 힘차게 다녀야 한다.

정대호: 1958년 경북 청송 출생. 경북대 국문과 및 대학원 졸업. 1984년 〈분단시대〉 동인으로 활동. 시집으로 『다시 봄을 위하여』 『겨울산을 오르며』 『지상의 아름다운 사랑』 『어둠의 축복』 『마네킹도 옷을 갈아입는다』 『가끔은 길이 없어도 가야 하는 때가 있다』. 평론집으로 『작가의식과 현실』 『세계화 시대의 지역문학』 『현실의 눈, 작가의 눈』.

어머니가 우신다 외 1편

정 세 훈

"난 안 운다! 울지 않는다!"

어머니가 난 안 운다며 울지 않는다며
우신다
육이오 전쟁 그 북새통에 헤어진
코흘리개 어린 아이였던 아들을
남북이산가족 상봉장에서 만난
구순 나이 늙고 구부러진 어머니

품 떠난 지 오십년 만에
북에서 온 아들을
칠순이 되어 온 아들을 부여안고
난 안 운다 울지 않는다며
우신다

맑은 하늘 하나 낳아보리

비 내리는
눈 내리는
날 궂은 그 어느 날
그대에게 가리

왜 하필이면
맑은 날 놔두고
궂은 날 왔느냐
울먹이는 그대와

눈물로
얼싸안고
맑은 하늘 하나
낳아보리

정세훈: 1955년 충남 홍성에서 출생했으며, 1989년 『노동해방문학』과 1990년 『창작과비평』으로 문단에 나옴. 시집 『손 하나로 아름다운 당신』『맑은 하늘을 보면』『저 별을 버리지 말아야지』『부평 4공단 여공』『몸의 중심』 등과 장편소설집 『훈이 엄마』, 장편동화집 『세상 밖으로 나온 꼬마송사리 큰눈이』, 동시집 『공단 마을 아이들』『살고 싶은 우리 집』, 산문집 『파지에 시를 쓰다』 등 다수 간행. 현재 노동문학관 이사장겸 관장.

계륵의 어원을 다시 정의하다 외1편
- 아담의 갈비뼈는 만인의 어머니 이브가 되었다는데, 계림 김씨 왕조의 갈비뼈는 어찌하여 사대(事大)의 백우시(白羽矢)가 되어 민족의 등골에 박혔는가?

정 소 슬

1. 서라벌 옛길을 거닐다가
고도 천년의 숨은 전설을 들려주는 곳 있다 하여
저무는 계림 능 길 돌아 돌아 찾아가는데
노송 아래 홰치며 노는 꿩 무리가 있어
혹시 그 전설에 대해 아느냐 물었더니
내 귀를 당겨 그들 속으로 밀어 넣고는
저기 저 흰 닭들이 모여 사는 궁이
당(唐)에서 물고 온 화살로 단군천황 눈 찔러
그 피로 볏 갈이 깃갈이 하고선
봉황인 양
누 천년을 떵떵 대이어 산다는
계림 김씨 왕조 설화를 들려주고선
화르르 사라져버렸네

2. 신라 29대왕 김춘추는 당(唐)과 영합, 이른바 나당연합군을 형성하여 660년 백제를 멸하고 668년 고구려까지 멸한 뒤 삼한일통하였다는 자화자찬으로 단군 백성들 눈을 가리고 쪼개고 엇누볐노라
　단군께서 호령하시던 우리 땅의 상반신 만주ㆍ간도ㆍ연해주 대평원을 몽땅 당에 넘겨줘, 단군 영(領) 만 리 강산이 고작 삼천리강산으로 축소되고만 민족 배신의 대 역란(逆亂)이었노라

이후 약소국으로 전락한 한반도는 더는 국토를 회복하지 못하고 중원 대륙을 사대하는 속국으로 살게 되었으니, 무려 천 만에 육박하는 한민족 디아스포라의 시발점이 되었으니
　이 실성통곡할 반역 행위를, 민족 통일을 완수한 영웅 국이라며 추세우는 계림 왕조의 역사 세탁 농간에 언제까지 동조할 것이며, 우리 등골에 박혀 있는 사대의 백우시는 누가 뽑아낼 것인가?

　3. 계륵(鷄肋)은
　'버리기에는 아까운 것'이 아닌,
　애당초
　'반드시 버려야 할 것' 이어야 했음을, 했음을!

* 계륵(鷄肋): [명사] 닭의 갈비라는 뜻으로, 그다지 큰 소용은 없으나 버리기에는 아까운 것을 이르는 말. 『후한서(後漢書)』의 〈양수전(楊修傳)〉에 나오는 말이다.
* 계림(鷄林): [역사] '신라'의 다른 이름. 숲속에서 이상한 닭 울음소리가 들리기에 가 보니, 나뭇가지에 금빛 궤가 걸려 있고 그 아래에서 흰 닭이 울었는데 그 궤 속에 신라 김씨 왕조의 시조가 되는 김알지가 있었다는 설화에서 유래한다.

아! 소낙비여 소낙비여
- 백의의 아나키스트, 조선의열단원들을 추앙하며

차마
참을 수 없어 칭칭 감아 안은
분기 그,

더는
참지 못하여 와그르르 내뿜는
방사 그,

자유의 아우성 그, 그 포효들이여!
군집의 뜨거움 그, 그 화엄들이여!

적폐를 도려내는
무색투명의 메스들 그, 혁명의 갈채들이여!
단군왕검의 후예 그, 홍익(弘益)의 순열(殉烈)들이여!
백의전사의 적통 그, 맹의(猛毅)의 의열(義烈)들이여!

정소슬: 1957년 울산 출생(본명 정정길). 2004년 계간 『주변인과 詩』로 작품활동 시작. 시집으로 『내 속에 너를 가두고』 『사타구니가 가렵다』 『걸레』가 있음. 현재 민족작가연합, 한국작가회의, 울산작가회의, 민족문학연구회 등에서 활동 중.

질경이·2 외 1편

정 춘 근

　우리 마을에는 질긴 풀이 있지 분단국에서 가장 큰 문혜리 훈련장 입구에 두 줄로 자리고 있는 질경이라는 것이지 봄이면 탱크들이 쇠관절로 반도를 뭉개면서 훈련장으로 들어와서 질경이 여린 싹을 짓이기고 다음에는 트럭이 지나가고 검은 군홧발들이 밟고 가지... 이 정도면 풀들이 너덜너덜 찢어 질만도 한데 다음날 아침에는 어린싹들이 아무렇지도 않게 자라고 있지 가끔 미군 탱크들이 몰려와 다시 깔아뭉개는 훈련이 오월까지 쉬지 않고 반복해도 질경이는 무심히 자라고 있지

　그런데 말이야 날이 더워서 훈련이 멈추는 여름이면 질경이들은 귀신같이 꽃을 피우지 볼품도 없는 꽃대를 세우고 서둘러 씨앗을 거둬 조선의 들판에 뿌리지

　다시 가을이 오면 군인들이 전차, 트럭을 몰고 와서 말라비틀어진 꽃대들을 짓뭉개고 있지만 질경이 잎들은 더 넓적하게 자라서 탱크 체인을 다 받아내는 고통을 즐기고 있는 것 같지 훈련이 다 끝난 뒤에 보면 어차피 바람에 말라비틀어지는 마른 꽃대들만 꺾였을 뿐

　잎 하나 다치지 않은 질경이는 봄에 올 탱크를 기다리고 있지

도피안사, 1950.6.22
- 총알받이

"종구야! 밤이 되면
사촌형을 찾아와라."

마을 장정들에게 도피안사 마당으로 모이라는
통지를 받고 간 종구를 보자
인민군 간부로 있는 사촌형이
사색이 돼서 신신 당부를 했다

절 마당에는 철원읍 인근에서 모인
장정들만 삼백명이 넘었고
아담한 산자락에는
평소보다 긴장한 인민군들이
총을 들고 지키고 있었다

주먹밥을 저녁으로 받아먹고
인민군 막사를 찾아 간 종구에게
사촌 형은 훈계할 게 있다고
따라 오라고 하더니
지금도 흐르는 도피안사 아래
개울 논두렁 밀어 넣으며

며칠 숨어 있으라 했다

인민군 경계가 심해서
도망 갈 엄두도 못 내던
사흘째가 되는 밤
도피안사에 모인 마을 장정들을
태운 트럭들이 남쪽으로
쏜살 같이 달려가더니
주변 인민군들도 다 사라졌다

그때 내려간 장정들은
모두 총알받이가 되었고
종구 한 명만 살아남았다.

정춘근: 1960년 철원 출생/1999년 『실천문학』 봄호로 등단. 시집: 『지뢰꽃』 『수류탄 고기잡이』 『황해』 『반국 노래 자랑』 『황금기』 『증보판 지뢰꽃』 『지리꽃마을 대마리』. 평설: 『상허 이태준 평설』. 역사서: 『대마리 이야기』 『정연리 이야기』. 수상: 2015년 대한민국 평생교육 대상. 現) 상허 이태준 사료 관장.

화살머리 외1편

조 광 태

화살머리 저곳에 가면
바람이 목 놓아 운다
수십 년 아무렇게나 묻혀 있어서 울고
죽어서도 가족 품에 안장되지 못해서 울고
동족끼리 겨눈 총부리 서러움에 울고
보고 싶었던 부모 형제 그리워서 울고
어머니 사랑하는 어머니 보고 싶어서 울고
꽃같이 어여쁜 새색시 두 고온 설움에 울고
산산이 부서지고 흩어진 이름 앞에 울고
흔적도 없이 사라진 육신들 앞에서 울고
화살머리 저곳에 가면 바람이 낮게 불면서
이름 없이 죽어간 영혼들을 품어주기 위해
바람은 낮게 낮게 흙살을 보듬으며 운다
화살머리 저곳에 가면 저절로 고개 숙어지고
저절로 영혼들의 평안을 위해 엎드리게 되고
수십 년 동안 묻혀 있었던 두려움과 공포가
흙을 걷어내는 만큼 백골이 보이는 만큼씩
아픔이 고통이 화살머리 골짜기를 흔들면서
환청처럼 총탄 쏟아지는 두려움의 비명이
멈춰진 시간을 일으켜 세워서 달려 나온다

나이 구십이 넘어도

내가 가고 싶은 곳은 휴전선 너머 고향 땅이지요
내가 꿈에도 못 잊는 것은 북녘땅 부모 형제지요
내가 만나고 싶은 것은 살아 계셔야 할 어머니고요
내가 듣고 싶은 것은 어머님이 부르는 목소리에요
내가 먹고 싶은 것은 어머님이 끓인 된장국이고요
내가 불러보고 싶은 건 어머니 어머니입니다

조광태: 강원 철원 출생. 강원작가회의, 한국작가회의. 리얼리스트 회원. 시집 『철조망 거둬내서 농로 하나 내면』, 『탄압』, 『한탄강』 등.

오월 금남로에서 외1편

조 현 옥

청춘의 거리 금남로
매일매일 변화하는 금남로
금남로에서 통일이
꽃물결 쳤으면
그들의 가슴속에 사는 통일을
그들의 가슴속에 사는 촛불을
오늘도 안타까이 바라보는 무등산
친일의 시인들아
친미의 시인들아
지조를 굽혀 어떻게 남의 나라를
받들어 살고자 했던가
내 나라의 평화여
우리들의 자유여
금남로에 나가보아도
더욱 쓸쓸해
금남로에 핀 꽃이
자본주의를 비웃듯이
차들은 우리들 가슴팍 위로
가로질러 가는 구나
자본은 더 큰 자본에
두꺼비 집 짓듯이

허물고 또 허물고
허문 데를 다시 허물고
우리는 금남로 후미진
뒷골목에서 천 오백원 짜리
커피나 마시며……,

바람도 나처럼 살까

슬프지 않을 만큼만 울다가
서럽지 않을 만큼만 걷다가
비틀거리지 않을 만큼만 취하여
아무도 모르게 오월 광주로 오라
조국을 사랑하거든
어머니의 정이 무엇인지
알고 싶거든
오월 광주에 오라
통일을 염원하거든
오월 영령들께 큰절을 올려라
헛소리처럼 오월을 노래하지 말아라.
맨주먹으로 오월을 흔들지 말아라.
영혼까지 끌어모아
오월에 서라
우리는 있고
나는 없다

조현옥: 1965년 충북 옥천 출생. 첫시집 『그대를 위한 촛불이 되어』 『무등산 가는 길』 『4월의 비가』 『일본군 위안부의 눈물』 『5월 어머니의 눈물』 『행복은 내 가슴속에』 『할머니등에 업혀』 『홍매화 피는 언덕』이 있습니다.

월정리 가는 길 외1편

주 선 미

월정리 가기 전
허름한 회색빛 건물 외벽 사이
갈비뼈 툭, 불거져 있다
벽에 바른 시멘트 떨어져
흉터처럼 남아 있다

동족상잔의 비극으로 젖어버린
천장 속 어두운 페이지

검버섯으로 번진 70년

총탄 자국 선명한 담벼락 밑
눅진 피딱지 들추고
해맑은 개망초 피어있다

아무리 긴 시간이 흘렀다 해도
살아 있는 역사 결코 지울 수 없다고
절룩거리며 서 있다

아직 남은 길

영하로 내려가던 수은주
출구가 막혀 붉은 기둥 멈춰 서 있다

찬 바람에 섞여 날아 온
낯선 모래바람
서걱이다가,
하루, 또
저무는 민통선 십일월

파르르 떨던 마른 가지 나뭇잎
맨바닥으로 지고 있다

부스스 가라앉는 그림자
태백산 깊은 골짜기 사이로
가붓이 사라지고

마른 풀밭에
허옇게 질린 자작나무 무리 서 있다

차가운 입술처럼 떠 있는 푸른 초승달

허기진 가슴 안으로 삭이다
끝내,
서리로 내리는 밤

태백산 등성이 오르려던 꿈
멈춰 선
차가운 길

주선미: 2017년 『시와문화』 시, 2021년 평론 등단. 시집 『안면도 가는 길』 『일몰, 와온바다에서』 『통증의 발원』 등 있음. 시와문화 젊은 시인상 수상. 충남문화재단 창작기금 수혜. 『시와문화』 편집장.

다시 만년필을 뽑으며

지 창 영

오래 녹슬고 있었다

아늑한 주머니 속
무뎌진 촉은
화학성 향기에 취해
장식품으로 만족하고 있었다

희멀건 술을 마시고
의미 없는 언어만 나열하는 동안
혈전(血栓)이 쌓이고 모세관이 막혀
잉크는 흐름을 멈추었다

직무유기중이던 파수병을 깨워
더운 피를 수혈한다
그날의 혈전(血戰)을 이어 가자던
날선 다짐을 다시 주입한다

죽창이 되고
탄환이 되고
대륙간탄도미사일이 되어
끝내 승리할 역사를 위하여

심장에서 꺼낸 창끝에
반짝 별이 뜨고
단숨에 후리는 지면에
붉은 강이 흐른다

지창영: 1965년 충남 청양 출생. 2002년 『문학사계』로 등단. 시집 『송전탑』.

백두산에 오르면서 외 1편

진 관

백두산을 오른다.
얼마나 오르고 싶었던 백두산이더냐
천만년이 지나도 우리민족의
영혼이 살아 숨 쉬는 명산
눈보라 친 영하 50도라고 해도
조국사랑을 염원하면서
새벽 태양이 솟아오르는
모습을 보고 있는 몸
내 언제 청정한 몸으로
그 날을 기억해 보려나.
고구려 장수들이 말을 몰고
달리던 백두의 벌판을 지나
바람이 불고 눈바람이 불어도
솟아 오른 천지의 황금물을 마시며
얼어붙은 육신의 뼈 마디 마다에
새기는 심장 속에 혼
눈이 내리던 그날에도
백두산은 그대로 있음을
그 자리에 그대로 앉아 있음을
기억하는 이들 있다.
하루가 가고 또 하루가 간다고 해도

남아있는 것은
우리에게 있어서의 행복이라고 말하자.
아무리 바람이 찬바람이 불어온다고 해도
백두산에 불어오는 칼 바람에 비하리요.
우리 조국에 대한
결사의 언약을 말할 수 있다면
그것으로 족한 세상이라고 말할 수 있다.
백두산이여! 일어나 나의 영혼을 잠깨워 다오.
푸르게 더욱 푸르게 억만년 지킨 그 바위
심장 속에 남아 흐르는 천년만년 흐르는 백두
지구의 불바다가 된다고 해도 오직 남아있을
천지의 맑은 물은 백두를 들어 올리는
천만년이 지나도 내 마음에 솟아오른 태양.

진달래 사랑

추운 겨울날에 잘도 견딘 인욕의 보살
포탄이 비오 듯이 쏟아져도
살아난 그 영혼의 철모위에도
피를 흘린 산천의 골짝이 마다에
아무런 말도 없는 시간의 저쪽에서
잠을 청하는 언덕에 이름도 모르는
풀밭 고랑 사이에 황소의 뿔처럼
진달래를 피웠다.
살아있다는 것 그것만으로도
족한 행복이라는 물살
내 마음의 고향에는
영변 약산 소월의 시 고향
아직도 얼음 속으로 흐르는
물살 겨울의 옷을 벗고
일어서고 있는 진달래 꽃 향기
마음속을 바라본다.
저기 작은 산 아래에는
개짓는 소리가 들린다.
식민지 시절 배고파
신음 소리를 내며 땅을 치던

가난에 울고 또 울던 여인의
심장 속 같은 하루
지나간 세월 마디 마디에
대죽처럼 살자는 삶을
그림이라도 그리려나
자연의 물감처럼 빛을 뿌린다.
내 지금 바라보고 있는
황토밭에는 고구려 장수들이
수나라를 물리친 그 장한 투쟁
그 날의 꽃으로 피어나는
몸이라고 말하는 자주
진달래 꽃 바다는 화엄장의 세계.

진관: 불교인권위 상임대표. 2000년 평양방문 불교평화연대 대표. 시집 『물결 갈라지는 곳에서』, 『무언의 광장에 서서』 등 다수 발표. 수필집 『부처님이시어 우리 부처님이시어』. 동화집 『스님 사랑해요』. 소설집 『다라니』. 희곡 등 서간집 『감옥으로 보낸 편지』. 연구서 『고구려 시대 불교수용사 연구』. 현 무진장연구소 소장.

좋겠네 좋겠네 외 1편

차 옥 혜

한반도 금수강산 한겨레
70년이나 갈라져
분계선에 철조망 치고 지뢰를 묻어
부모 자식이 헤어져 못 만난 땅
고향산천 그리워 눈 짓무르다
눈감은 사람들
끝끝내 가슴에 피멍져
떠난 사람들
이제는 한겨레
바람처럼 구름처럼 새처럼
한라산에서 백두산까지
백두산에서 한라산까지
언제든지 마음대로 넘나들며
부모형제 보았으면
좋겠네 좋겠네
금수강산 삼천리 한겨레
한강에서 대동강에서 뱃놀이 하고
동해, 소해, 남해에서 바다를 보며
압록강이나 두만강에서 대륙을 보며
세계를 품었으면
좋겠네 좋겠네

한반도 어디서든 한겨레
모두 꽃이었으면
좋겠네 좋겠네
한겨레 금수강산에서
행복꽃씨 평화꽃씨 퍼뜨려
세계 사람들도 함께
행복꽃 평화꽃이 되었으면
좋겠네 좋겠네

꿈

한반도 비무장지대!
무기 없이 사는
동물과 식물들만 사는 땅
무기를 쓰는
사람은 살 수 없는 땅
모든 무기 묻어버리고
오직 생명, 사랑, 평화로
남북한 사람들 식물, 동물과 함께
온통 한반도를 비무장지대로
통일했으면 좋겠네
세계 사람들 식물, 동물과 어우러져
지구 전체를 비무장지대로
통일했으면 좋겠네
그 세상에서
존재하는 모든 자연과 목숨들이
낮에는 해님이면 좋겠네
밤에는 달님, 별님이면 좋겠네

차옥혜: 1945년 전주 출생. 경희대학교 영문과와 동국대학교 문화예술대학원 문예창작과 졸업. 1984년 『한국문학』 신인상 등단. 시집으로 『깊고 먼 그 이름』, 『비로 오는 사람』, 『씨앗의 노래』, 『말의 순례자』 등 다수. 경희문학상, 경기펜문학대상, 산림문학상 수상. 시집 『숲 거울』 2016년 세종도서문학나눔 선정.

가출 외 1편

최 기 종

통일이가 없어졌다
그런데 누구도 찾지 않았다
우리에게 통일이는 언약이고 믿음이었다
그런데 누구도 걱정하거나 염려하지 않았다
누구도 젖과 꿀에 대하여 말하지 않았다

통일이는 어디로 갔을까
엊그제까지만 해도 봄꽃들이 한창이더니
환호와 놀람과 희망을 속삭이고 손짓하더니
이어짐과 자유로움과 결집에 대하여 열변을 토하더니
통일이의 사자후는 어디로 갔을까

통일이가 가출했다
그런데 아무도 속을 태우지 않았다
우리에게 통일이는 없어도 그만인 사람이었을까
봄을 시샘하는 꽃샘바람 때문에 그럴까
성조기 나부끼고 촛불이 타서 그럴까

좋아하는 사람도 싫어하는 사람도 통일이를 잊었다
예수도 석가도 공자도 통일이를 언약하지 않는다
순천자도 역천자도 존귀함을 떠올리지 않는다

통일이는 어디로 갔을까
통일이의 사자후는 어디로 갔을까

대화

김옥균이가 민영익 집에 갔다.
아니 이게 누굽니까? 고균 아닙니까?
운미! 갑신의 일은 사과드리고 조선의 통일에 대하여 고견을 듣고 싶습니다.
하, 걱정입니다. 갑오년에 조선의 개화가 열강의 틈바구니에서 결국 일제치하를 벗어나지 못하더니 해방이 되어서도 남북으로 갈라져서 대치하고 있으니 이게 통탄할 일이지요.
한때 우리도 조선의 개화를 위하여 의기투합했지요. 하지만 개화니 쇄국이니 청이니 일이니 로이니 갈라져서 다퉜지요. 그러다 을사년의 비극을 겪어야 했습니다. 통일도 만찬가지입니다. 조선의 이해가 아닌 외부의 이해가 담긴 통일은 비극일 뿐입니다.
고균의 의견에 찬동이오. 통일은 조선의 이해가 먼저지요. 하지만 지금 통일논의는 외부의 힘에 의해서 끌려가는 것 같아요. 예전엔 통일이 안 되는 이유가 남북 위정자의 이해가 충돌하기 때문이라고 여겼지요. 그런데 그보다는 외부의 힘이 작용해서 그런 것 같아요.
그때 조선의 개화를 청이니 일이니 로의 힘을 빌리지 않고 조선의, 조선만의 이해로 성사시켰더라면 이처럼 식민의 아픔도 분단의 서러움도 겪지 않았겠죠?
지난날은 지난날이고 지금이 중요하지요. 지금처럼 통일의 고리를 외부의 이해로 풀려고 하니 풀리지 않는 것이지요. 그들의 이해는 조선의 이해와 다르기 때문이지요. 그들은 조선의 통일을 바라지 않아요. 그들에게 분단고착이 더 많은 이익을 주기 때문이에요.

 운미가 옳습니다. 통일은 조선의 이해로 성사되어야 합니다. 그래야 조선의 번영과 부강을 바라볼 수 있습니다. 그렇지 않는 통일은 또 다른 식민과 사대를 예고합니다. 삼한일통이 실패한 이유도 신라가 당나라를 끌어드렸기 때문입니다. 그때부터 사대가 시작되었다고 봅니다.

 북핵문제도 마찬가지에요. 미국에서는 북핵을 통일과 결부시키는데 그건 잘못입니다. 사실 북핵은 미국, 일본이 북한과 풀어야 할 문제입니다. 그런데도 통일논의의 전제조건이 되어 있으니 통일이 진척될 수 있겠습니까?

 대북제재도 그렇습니다. 북한의 경제를 꽁꽁 묶어서 고사시키겠다는 다수의 횡포입니다. 남한이 식량위기에 처한 북한주민을 도우려고 해도 안 됩니다. 의료니 비료 등 인도적인 교류도 끊겼습니다. 개성공단을 재개하려고 해도 안 됩니다. 금강산을 비롯한 북한여행도 금지되어 있습니다. 이러다보니 당국 간 대화의 창구가 꽉 막혀있는 것입니다.

 고균, 미국이 문제지요. 그들은 그들의 이익에만 골똘 하는 것 같아요. 이처럼 대북제재를 고집하면 북핵문제는 풀리지 않아요. 유연하게 비핵화 진전에 따라 제재를 완화시켜야 하지요. 그리고 식량이나 의료, 비료 같은 인도적인 분야는 선제적으로 풀어야 합니다. 그래야 대화가 되지요.

 통일이 꽁꽁 얼어 있습니다. 판문점선언도 뒷걸음치고 있습니다. 미, 중의 이해가 겹치기 때문입니다. 통일은 조선의 밥이고 집이고 옷입니다. 조선의 이해가 담긴 담론이 필요합니다. 통일이 되어야 막힌

혈도가 풀리고 지구촌의 평화가 유지됩니다.

  그렇지요. 통일이 외면당하고 있지요. 조선의 이해를 반영하지 못했기 때문이에요. 북한에서는 남한이 미국 눈치만 본다고 하지요. 남한에서는 북한이 판문점선언을 불온시 하고 있다고 하지요. 민족자결주의 원칙에 따라 우리민족끼리 통일을 논의해야 한다고 봅니다.

  옳습니다. 조선의 이해가 반영되어야 통일은 가능하고 철조망이 사라집니다. 우리민족끼리 통일을 주도해야 외부의 이해에서 벗어납니다. 개화기 허약한 조선을 벗어나서 부강한 조선이 펼쳐집니다. 이산의 아픔이 풀리고 널리 인간이 이로워집니다.

최기종: 1992년 교육문예창작회지 『대통령의 얼굴이 또 바뀌면』으로 작품 활동 시작, 시집으로 『나무 위의 여자』 『슬픔아 놀자』 『목포, 에말이요』외. 전남민예총 전 회장. 목포작가회의 자유실천위원장.

노인은 알고 있다 외1편

최 일 화

저 멀리 언덕 너머에
어떤 꽃들이 피어 있는지
저 앞에 보이는 검은 숲 속에
어떤 새들이 집을 짓는지

마을 어귀 늙은 소나무에
뉘 집 소가 매여 있는지

시냇가 버드나무에
언제쯤 그넷줄이 매여지는지

누구네 암소
그날 밤 쌍둥이 송아지를 낳았는지

뉘 집 아들이
전쟁터에서 돌아오지 못했는지

노인은 알고 있다
피란 나온 노인은 알고 있다

큰 물줄기는 영원하다

가난하더라도 자존심 하나는 지켜야지
자존감을 굳게 지켜나가면 언젠가는 가난도 물러간다
본의 아니게 가난한 사람을 깔보듯
부지불식간에 우리는 가난한 나라를 내려다본다
통일을 방해하는 것인 줄 모르고
우리가 택한 길 너희가 따라하면 금세 잘 살 수 있다고 선전한다
따라 하기 싫다고 해도 막무가내다
북한 따라하라고 하면 남한 사람들 곧이듣겠는가
서로 따라하라고나 하면 죽도 밥도 안 된다
양쪽 모두 진정으로 통일할 의사가 없는 것이 분명하다
통일이란 말도 많이 낡았다
구차하게 구걸하는 모습 보이는 건 누구나 질색이지
미역을 올려 보낼 테니까 인삼을 좀 보내라고 동등한
입장에서 상부상조해야 하리
70년 이상 불러 너덜너덜해진 노래 우리의 소원은
이제 그만 불러야 한다
불러도 재미없고 들어도 재미없고 단 물 빠진 칡뿌리 같다
이산가족도 자주 들먹이지 말자
이산가족이란 말, 실천 없는 그 말 진부한 구호로 변질된 지 오래다
큰 물줄기에 이르는 한 가닥 시냇물에 불과하다

요란하게 통일을 들먹이지 말고 진지하게 공통분모를 찾아야 한다
역사, 언어, 민족, 국토, 문화는 큰 물줄기
큰 물줄기의 흐름 위에 무엇을 세워야 할지
무엇을 성찰하고 조율해나갈지
상대방의 의견을 들어 적극적으로 검토해야 한다
오죽 답답했으면 핵을 만들어 뻥뻥 쏘겠는가
얼마나 귀한 돈을 헛된 일에 쏟아 붓겠는가
봄소식 한 가지라도 교류하고학생 몇 명씩이라도 교환하고
예술가 두세 명 초대하여 같이 지내게 하자
신선한 발상의 전환이 있어야 한다
남쪽의 봄은 어째서 남쪽에만 오고
북쪽의 봄은 어째서 북쪽에만 오는가
이구동성으로 우리의 소원은 통일만 부르고 있다
통일이란 말 헛된 구호처럼 부르지 말자
통일에 앞서서 해야 할 일이 너무나 많다
남한의 노래 백 곡 북한의 노래 백 곡 맞바꾸자
북한의 풍산개 오백 마리 남한의 진돗개 오백 마리 교환하자
제주도 감귤 북의 노인들에게 보내고
북쪽의 다래 남의 노인들에게 선물하자
통일은 최강 병력 핵무기 보유로 되는 게 아니다
최첨단 전투기나 항공모함으로 되는 게 아니다
철조망 위로 구름은 오가고
철조망 있거나 말거나 새들은 자유로이 오간다
마음 속 철조망 없애면 저 3.8선 철조망 하루아침에 없어진다
천년만년 큰 물줄기 어제도 오늘도 흐르고 있다

큰 물줄기는 한 번도 분단된 적 없다
마음의 길을 열자
작은 오솔길부터 열어나가자
민족의 큰 물줄기 대 서사시로 써 내려가자
기승전결 짜임새 있게 웅장한 드라마 완성하자

최일화: 1949년 경기도 안성 출생. 시집 『우리 사랑이 성숙하는 날까지』 『어머니』 『시간의 빛깔』 『그의 노래』. 시선집 『마지막 리허설』. 2011년 인천남동고등학교 영어교사 정년퇴직. 인천문학상 수상.

김치 외 1편

표 광 소

가을배추는 차디찬
새벽 무서리 머금고
달디 단 맛 든다

자꾸자꾸 깊어가는 어둠에 꽁꽁 얼고
한사코 얇아가는 가을볕에 가까스로
몸 풀며

노랑 속 예쁘게 찬
임진강 배추와 다도해 천일염이 섞일 때

쪽파
무
갓
생강
마늘
통깨
멸치 액젓
새우 젓
매실 청
고추 가루처럼

작아져서

나도 섞이고 싶다
속이 꽉 찬
너한테

눈물의 목포

한반도 1번 국도 북쪽
압록강 하구 미국 항공모함이

함포 사격을 시작하고
공군 전투기 600대가 소이탄 8,500발을 투하한

1950년 11월 8일부터 신의주는
지금 불타고 있다

전쟁은 언제 끝날까?

1번 국도 남쪽
길 끝나는 항구

호남평야 탈탈 턴 곡식 일본으로 나른
바다가 시발(始發)한다

1번 국도의 기점과 바다 사이 일본인 거주지
를 굽어보는 일본 영사관

지금은 목포근대역사관으로 사용하는
동양척식주식회사

(임진강에서 1번 국도 밟고 밟아 제주도 강정 해군기지 건설 반대 집회 가며 마주친)

겨울 노적봉
봄 여름 가을 농사 뼈 빠지게 지어 탈탈 털린

눈물의
목포

표광소: 1991년 『월간 노동해방문학』에 시 「지리산의 달빛」을 발표하며 등단. 시집 『지리산의 달빛』 등이 있다.

기다림 외 1편

함 진 원

수선화 심고 안부 전화를 기다립니다
빙그르 햇살 만개한 날
구근속으로 앓이는 통증 밀어 넣고 나면
수천 수만 꽃송이들 피어났습니다
푸른 희망 밀어 올릴 그날만 기다렸지요
고향으로 갈 수 없는 시간 속에서 봄, 봄을,
장단콩 마을로 걸음 옮기는 노랑부리 저어 새
그리움 물고 날아갑니다

그늘

동백 울음을 들은 날 세상으로 가는 길 멀고
안개에 묻혔다
도보 다리 희망은 삭아 내려
우리 나아길 길은 마음 둘 데 없는데
한라에서 백두까지
백두에서 한라까지
은방울꽃 피어나면,
은방울꽃 피어나면,
손 모아 기다린 소식 돌아올 날 있을까
동백 울음을 들은 날 세상 만사 싫어서
안개와 살았다

함진원: 전남 함평 출생. 1995년 〈무등일보〉 신춘문예 등단. 시집 『인적 드문 숲길은 시작되었네』 『푸성귀 한 잎 집으로 가고 있다』.

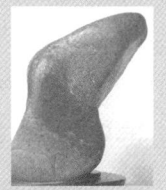

[조선민주주의인민공화국]

통일잠자리 외 4편

리 호 근

판문점뜨락에서
열에 뜬 통일행사 한참인데
저기 분리선우로 한가하게 날아엔다
빠알간 잠자리 고추잠자리

나트막한 분리선 가볍게 날어넘어
남쪽마당에서 비잉 빙 돌더니
어느결에 다시 분리선 쉽게 날아넘어
순식간에 북쪽마당 비잉 빙 누벼간다

제아무리 콩크리트장벽 높다 하고
제아무리 분리선 저 문턱 시리다해도
그쯤한 것은 우습게 안다는듯
북으로 남으로 제맘껏 유유히 날아엔다

우리가 40여년 넘지 못한 저 분리선
어쩌면 저리 쉬이 넘을가
화려한 은초사 그 나래 눈주어 볼 때
아, 내 가슴속에서도 날아엔다. 너 통일잠자리!

아리랑

다행일다
이름성은 최 안드레이래도
너 아리랑만은 잊지 않았구나
세월의 비바람속에
비록 그 가락가락은 서툴러도…

다행일다
네 이미 숭늉맛은 잊은지 까마득하고
손톱엔 봉선화꽃물대신
메니큐어를 빨갛게 물들였어도
아리랑가락에 맞춰 더덩실
두팔 저어 조선춤도 제법 추거늘

다행일다, 다행일다
아리랑 한가락에 울고 웃으며
아직은 다 퇴색되지 않은 그 선률 붙안고
눈물에 젖어 서로서로 잠 못드는 이 밤은
그래도 아리랑과 함께 지새는
우리의 밤, 조선의 밤

아, 아리랑, 아리랑!
45년 그 분열도 네 가락 토막 못냈고
하와이, 사할린, 토론토
그 거치른 이국의 찬바람도
아직은 네 가락 꺼버리지 못했거늘
그리하여 여기 범민족대회의
눈물젖은 숨결이 되어
끈덕진 이 나라의 맥박이 되어
이렇듯 뜨겁게 우리 몸 덥혀주나니

너는 정녕 이 나라의 통일인가
죽어서도 눈을 못 감는
분렬봉분의 그 때잔디인가
아, 아리랑 아리랑
조선의 숨결, 너 아리랑이여!

서울길 6백리

서울길 6백리 한순간이더라
57년 세월 그 모든 동토의 나날에
6백리 아닌 6천리 6만리로
너무너무 멀어 안스럽기만 하던
아, 서울길 6백리는
너무너무 가까운 한순간 길이더라

그 길끝에 만난 서울사람들 또한
너무너무 남이 아닌 내 혈친이더라
금강산에서 평양에서 이미 만났던
여기 남녘친구들은 물론
처음으로 만난 그 모든 사람들도
너무너무 반갑기만 한 내 살붙이더라

회장에서 토론장에서 서로서로 손 잡고
"우리는 하나"며 "아리랑"을
목청 돋궈 부르는 우리 목소리도 하나더라
통일을 부르며 붉어지던 우리 눈시울도
독도를 지켜내자고 부르짓던
격노에 찬 우리 목소리도 하나였더라

아, 그리하여 헤어져 산다는 것이
너무도 이상하게 느껴져 오는 이 순간
나는 어찌하여 왕년에 평양대극장무대에서
산천은 여전하되 사람은 달라졌다며
스스로 쓴 가사로 노래 부르던 여기 서울의
이름 높은 한 녀가수를 생각했을가

서로 만나 손만 잡으면
이렇게 그저 반갑기만 한 우린데
서로 만나 부둥켜만 안으면
너나의 살내음 이렇게 좋기만해
순간에 서로의 눈시울 붉어지는 우린데
아. 그녀의 6백리는 어쩌면 그리 멀었던것일가?

황포돛배

한강에 떠 있더라
황포돛배!
그 옛날 마포나루의 명물이던
잊지 못할 황포돛배!

묵묵히 흘러내리는 여기 한강우에
저렇듯 네가 떠 있어 기나긴 세월
네 실어 나른 것은 오직 한숨과 눈물
네 가닿은 기슭은 리별과 불행의 언덕

그래서 한 가수의 흐느기는 가락속에서
네 이름 떠올리며 눈물 짓던이 한둘이 아니였고
리별과 불행의 대명사가 되여
너는 너무도 우리 가슴 쯔ㅣㅅ던 아픔이기도 했나니

이제 더는 뼈아픈 한숨과 눈물일랑 싣디 말아
이제 더는 그 불행의 기슭에 닻을 내리지 말아
오늘 우리 싣고 갈 것은 오직 하나 기쁨과 행복뿐
아, 오늘 우리 닻을 내릴 기슭은 오직 하나
통일의 저 기슭이거니!

물촉새의 촉촉한 우짓음속에서
가슴 설레이게 하는 저 닻 감는 소리
바람안은 돛폭에 붉은 노을이 비꼈다
우리 함께 잡자, 6.15의 노대 억세게
오, 억세게 틀어잡고 우리 함께 가자

"칼과 흙"
- 서울시인 김준태씨에게

작년 8월
평양고려호텔 2층 로비에서 만나
다음날 새벽 2시가 넘도록
통일합동시랑송모임속에서
그렇게도 흥분에 들떠 있던 우리였는데

내 여기 호텔로비에서
임자의 일곱번째 시집
"칼과 흙"과 우연히 만났네그려
선자리에서 단숨에 일흔일곱편의 시를
모조리 읽어 보았지

밭고랑에
씨앗을 던지면 싹이 트지만
총칼을 버리면 녹쓸어 버린다는
시집의 서시를
곰곰히 생각하며 읽던 나는

칼의 소강성과
흙의 영원성을 노래한

제목 상동의 시
"칼과 흙"의 구절구절에
점도록 눈길 묻었었지

칼과 흙이 싸우면
어느쪽이 이길것인가
임자는 흙을 찌른 칼은
흙에 붙들려 녹쓸어버린다고
또박또박 썼더군

나는 내 나름대로
지레 짐작했었지
흙은 이 민족이고 칼은 외세라고
기실 임자도 이런 생각으로
썼었으면 했던거구

그래 억측이 아닐테지
그것이 평양서두 우리 만났던거구
또 임자의 돋보기를 끼고 북의 내가
그날 밤 시고 읊었던게 아니였겠나

우리 됩세
그 어떤 칼도 녹쓸게 해버리는
이 땅의 흙이 꼭 되자구
이 민족의 대명제 저 6.15를 붓대로 잡고

임자 여덟번째 시집 이어 펴내길 바라네
6.15붓대를 잡고 말일세

그리움이 가기 전에 외 4편

오 영 재

어머니 가시니
그리움도 갑니다
두고 온 남녘에는
혈육들이 많아도
나를 낳아 젖을 먹여 키워주신
어머니만큼 그리운이 있었습니까

이름도 얼굴도 모르는 친척
단 한번이라도 정을 나누어보지 못한
그런 친척이야 남이나 뭐 다릅니까

한지붕아래서
한이불을 덥고 자며
어린 시절 정을 나눈 혈육들이
하나 둘 가기 전에
그리움이 가기 전에
북남의 겨레들이여
통일합시다
통일합시다

하루면 가는 가까운 곳에서

서로 멀리 그리워만 하지 말고
사상도 가지고있는 그대로
제도도 가지고 있는 그대로
북과 남이 합쳐
하나의 고려민조련방공화국을 이룩하여
통일합시다
그리움이 가기 전에
그리움이 가기 전에

늙지 마시라

늙지 마시라
더 늙지 마시라 어머니여
세월아 가지 말라
통일되어
우리 만나는 그날까지라도

이날까지 늙으신것만도
이 가슴이 아픈데
세월아 섰거라
통일도어
우리 만나는 그날까지라도

너 기어이 가야만 한다면
어머니앞으로 흐르는 세월을
나에게 다오
내 어머니몫까지
한해에 두살씩 먹으리

검은 빛 한오리 없어
내 백발이 된다 해도

어린 날의 그때처럼
어머니품에 얼굴을 묻을수 있다면
그다음엔
그다음엔
죽오도 유한이 없어

그 세월을 앞당기는
통일의 그 길에서
가시밭에 피흘려도
내 걸음 멈추지 않으리니

어머니여 더 늙지 마시라
세월아 가지 말라
통일되여 내 어머니를 만나는 그날까지라도

물길을 따라 내 걸어보니

물길을 따라서 내 걸어보니
물고 가는 법이 있구나
여울에서는 달리다가
깊은 소에서는 쉬어여 가고

아무렴 바다에까지 가닿을라니
어찌 먼길에 힘겹지 않으랴
세상의 모든 리치가 다 이러해
나도 이날까지 너처럼 살아 왔노라

그러나 이젠 너처럼 가지 않으리
나의 앞에는 쉬어갈 소가 없으리
흰 물갈기처럼 옷자락 날리며
나는 달려만 가리
나의 발걸음마다에서
여울물소리가 언제나 울리게

원하노니 나의 시편들도

보아도 보아도 싫지 않구나
사랑스러운 강의 흐름이여
굽이마다 그 모양 서로 다르고
여울마다 물소리 같지 않아서

하루에 백리길을
너에게 취하여
어느새 다 왔구나
말없는 길동무 사색의 벗이여

원하노니, 나의 시편들도
네가 짓는 모양처럼 서로 다르고
너의 노래처럼 단조롭지 않다면
사람들 한생을 가는 길에서
즐거운 길동무를 만났다 하련만….

통일되는 날에

벗이여, 건설장에서 사귄 다감한 벗이여
통일되는 날에 우리 함께
고향의 어머니를 여기에 모셔오자
밤버들 흐느적이는 아름다운 이 기슭을 거닐며 말하자
이 석축은 내가 안아다 쌓은것이라고

수은등 빛나는 불빛아래
어머니의 눈가에 눈물이 맺힐때
달래여드리자
고생 많은 어머니를 편히 모실 락원을
아들은 여기에 세웠노라고
그리워… 아들의 두볼에 흘러내린 것은
눈물이 아니라 천금보다 귀중한 땀이였노라라

어머니의 이름으로 외 4편

장 혜 명

잠시 집을 떠나도
마음 못 놓던 녀인들이
여기 금강산으로 달려왔다
어린 것을 맡기고
가사일 다 제쳐놓고

북과 남, 해외에서
모여온 곳 서로 달라도
우리는 다 같은 어머니
갈라져 이대로 더는 못 살아
하나가 되려 우리는 왔다

돌이켜보면
분렬의 이 땅에서
누구보다 가슴아픔 당하고
피눈물 흘려온 것은
우리 녀인들이였다

두번다시 사랑할줄 모르는 절개
헤어진 남편을 기다려
평생 외로이 산 녀인들

눈도 못 감은채 이제는 거으나 갔다

자식을 찾아가는 어머니앞에선
열흘 굶은 호랑이도 비켜선다 했건만
무정한 장벽에 막혀
아들딸의 생사조차 모르는 어머니
세여보라, 북남삼천리에
만이던가 천만이던가

아. 어머니의 소원은 한
통일된 땅우에서
아들딸 곱게 낳아 곱게 키우는 것
어머니의 소원은 애오라지 이 하나

우리 소원 아무리 간절해도
외세와 분렬세력 그대로 둔다면
우리 또한 불행한 어머니로 되려니
나서자, 이 나라 어머니들의 마음을 담은
6.15공동선언관철의 맨 앞장에
6.15를 떠나 어머니사랑은 없다

어머니는 사랑으로 살고
사랑의 힘은 무한타
이제 돌아가는 곳 서로 달라도
집안일보다

통일의 큰일 먼저 생각할줄 아는
참된 어머니가 되자

후대를 낳아 민족의 대를 이어주는
어머니의 의무로
6.15공동선언의 한쪽 수레바퀴
우리가 떠맡자
어머니의 뜨거운 사랑으로
이 땅에 통일조국 안아오자!

우리 민족끼리

아차산공원이 비좁도록
북남대표들이 모였다
"8.15민족통일대회"
력사의 장을 펼쳤다

태울 듯 퍼붓는 8월의 폭양아래
그보다 더 뜨거운 대표들의 가슴가슴
들으라, 세계여
우리의 통일의지를

사상과 제도의 차이를 넘어
우리 민족끼리
정견과 신앙의 벽 무너뜨리고
우리 민족끼지

둘로 갈라져 살아온
57년세월이 웨치는
피눈물의 절규다
통일은 우리 민족까리

이제 더는
외세의 롱락물이 되지 않을
확고부동한 7천만의 결실이다
통일은 우리 민족끼리

온 세계가 갈채를 보낸다
7천만이 환호한다
아, 우리 민족끼리
불멸의 통일기치를 추켜든
"8.15민족통일대회"여!

칠월칠석

세월도 날자를 맞춰
우리 만남 더 뜨겁게 해주는가
이 해의 8월 보름날은
견우직녀 만난다는 칠월칠석이라네

온 한해 견우와 직녀는
은하수 가로막아 만나지 못한다지
반세기가 넘도록 북과 남은
장벽이 가로막혀 만나지 못하였지

오작교를 건너서 견우직녀 만나고
6.15무지개 타고 우리 만났지
오작교는 1년네 한번 있어도
6.15무지개는 언제나 비껴있지

총대는 무엇을 말하는가
- 장시 중 제1편-

1
겨레여
나는 지금
이 나라 력사에서
가장 영광스러운 시대에 살면서
오늘은 가장 욕된 땅우에 서있다

나라 찾을 총이 없어
3.1의 그날
겨레의 피가 강물처럼 흘렀던
여기 서울의 탑골에서
나는 총에 대해 생각한다

총이여
지켜낼 네가 없어
나라를 통째로 강탈당했고
다시 찾을 네가 없어
민족이 피를 흘려야 했으니

아, 설음설음해도

반만년력사에
총이 없어 당했던
그 설음보다
더한 아픔은 없었구나

떠가는 구름도 눈물에 젖어 무거웁고
부는 바람도 흐느끼는듯…
그날의 참상이 새겨진
저 부각상들에서는
아직도 선혈이 떨어지는듯…

선조들의 슬기를 자랑해오던
팔각정도
10층 석탑도
피에 잠겨버린 3.1을 조상하듯
묵묵히 서있는 탑골

봄바람아, 불지 말아
여기 탑골에만은
꽃도 잎새도 피우지 말라
총든 침략자가
총없는 우리 인민에게
어떻게 했는가를, 그 만행을
가리우지 말라

일보도를 휘둘러
오른손에 기발을 들면
오른 팔 자르고
다시 왼손에 들면
그 왼팔마저 잘라버리며
야성에 울부짖던 사무라이들

적수공권인
백발의 늙은이도
걸음마 떼는 아기도
모조리 쏘아죽이고 찔러죽이며
살인에 희열 터치던 야수들

총이 없어
내 민족이 당했던 아픔
말히기는 죽기보다 괴로와도
나는 말하련다
말하다 울음이 터지면
울음으로 말하련다

총이 없어 나라를 잃고서야
강산이 수려한들 무엇하며
력사가 유구한들 무엇한단 말인가
시퍼런 이 하늘아래서
국왕은 독살되고

왕후는 란도질당했다

티 하나 묻지 않은
이 나라 20여만의 고운 딸들
왜군의 군화밑에 짓이겨지고
끝날 같은 이 나라 아들들
41만 7천명이나
오랑캐의 총알받이로 죽음터에 내몰렸다
840만여명의 조선사람이
짐승처럼 왜놈의 "징병", "징용"으로 끌려갔다

노예가 된 우리 인민은
성과 이름도 못 가지고
말과 글도 빼앗겼다
삼천리강토는 있어도
세계지도에는 국호맟 없었다

아, 총대가 ㅇ벗어
반만년력사국이
오랑캐에게 짓밟혀야 했던
그 수치, 그 원한

이역만리에 흘리 리준의 피도
안중근렬사의 의거도
국권을 되찾이 못했고

3.1의 피의 만세도
독립을 가져오지 못했거니

총대는 무엇을 말하는가
그날의 서울 탑골에서
가슴에 새기는 력사의 교훈
총대가 없으면 나라도 없다
총대가 있어야 독립도 잇다

조선아. 3.1의 그날에 너는
독립의 청원서가 아니라
총대를 들어야 했었다
총대 총대 총대를!

늦봄으로 살아 이른 봄으로 환생하셨습니다
- 문익환목사 추모제 10돌에 보내는 시

이 새상 떠나가신 몸이라면
몸따라 이름도 갔으련만
우리들 산자의 이름보다
더 당당하고 더 크게 울리는
늦봄 문익환목사님

언제나 웃는 얼굴이었습니다
마음속까지 푸근해지던 미소였습니다
강산이 변하는 10년세월 흘렀거느
그 모습 이제는 천만번도 흩어졌으련만
오늘도 그 모습 그대로이신 목사님

금시 웃음발이라도 날릴 것 같은
당신의 사진앞에 서니
분향의 초불너머 어려오는
투쟁으로 가득찬 당신의 한생
미소속에 슴배있는 당신의 그 눈물

이 나라의 분렬을 두고
누구보다 아픈 눈물 흘리셨고

누구보다 가슴태우신 당신이였습니다
감옥문을 제 집 문턱인듯 넘나들면서도
허리 잘린 조국의 고통을 생각하면
오히려 감옥만이 편하다 하신 당신이였습니다

걸어서라도 평양에 가겠다고
림진강을 헤염쳐서라도 간다고
그리다가 총에 맞아죽는다면
구름처럼 바람처럼 넋이라도 간다고
칠순로인의 몸 분연히 일으켜
외세 아닌 내 민족, 내 겨레를 찾아
평양길에 오르신이여

평양의 모란봉은 그날을 못 잊어
지금 이 시각 지하에서도
통일을 가슴에 안고 계신
목사님을 눈물로 추억하거니

애오라지 나라사랑으로 불태우신 한생이기에
두고두고 조국이 못 잊어하고
한몸 깡그리 통일제단에 바쳤기에
온 겨레의 사랑이 된신줄
아닙니까, 목사님이시여
길이 명복을 비는 북녘의 마음안고
이렇게 우리도 제단앞에 와 있는줄을…

정녕 목사님의 한생은
누구나 머리숙이는
못 잊을 추억입니다
통일은 완료형이라고 하던
그 호쾌한 장담으로 우리와 함께 하는
당신의 삶은 통일입니다
그래서 영원히 작별할수 없는 당신입니다

아,
통일의 길에서 늦봄이라고
평생 자신을 채찍질하며
통일의 봄길 다우쳐 걸으신이여

우리 민족끼리의 넓은 대로가 열린 6.15시대에
당신은 이른 봄으로 더 젊게 환생하셨습니다
봄은 죽지 아니합니다
봄은 언제나 시작일 겁니다

백두산이 간다 외 4편

최 영 화

멀리 떠나 사는 아들딸들이
한달음에 달려와
그리웠던 어머님품에 얼굴을 묻듯
북남으로 해외로
긴긴 세월 갈라지고 흩어졌던 혈육들이
조종의 산 백두의 품에 하야니 안겼구나

서로를 부둥켜 안고 볼을 비비는 동포들
어떤이는 장군봉을 우러러 조선의 넋을 가다듬고
어떤이는 향도봉을 우러러 만세를 웨치고
어떤이는 천지를 굽어보며 눈시울을 적신다

남녘에서 무척 오고싶었어도
파쑈의 총칼이 가슴을 막아
마음으로만 그리던 백두산
이역의 궂은 하늘아래 사는이들도
살아서 못 오면
죽어서라도 안기고싶었던 조종의 산

그러기에 저 머리 흰 한 어머니는
남의 나라 땅에 쓸쓸히 묻힌 남편이

백두산을 못 보고 죽는 것이 한이라던
생전의 그 유언을 풀어주려고
저렇게 남편의 사진을ㄹ 가슴에 안고 서서
줄줄이 더운 눈물을 흘리는 것이 아니냐

조선사람이라면 누구든
조종의 산이 그리워 그리워
가슴에 백두산을 안고사는 저 마음들이
오늘은 범민족대회의 기발이 되어
여기 백두산정에 펄펄 휘날린다

그 기발을 높이 들고
북의 손이
남의 손이
해외의 손이
이 손들이 뭉쳐진 민족의 손이
그 기발을 백두창공에 높이 추켜들고
백두 한라 대행진의 첫걸음을
남녘을 향하여 큼직이 떼노라

오, 백두천지에
통일의 청운이 피여오른다
백두령봉에
통일의 정기가 넘쳐흐른다
청운도 일어

줄기줄기 산발을 타고
남의 한끝 한나에도 뻗치노니

오오,
백두산이
대행진의 도도한 흐름을 거느리고
한나산을 만나려 간다!

조국의 지도앞에서

아침노을 걷히는 새해의 하늘
희망처럼 붉은 해살이
맑은 유리창에 눈부시게 흘러드는
나의 방 흰 벽에는
한장 조국의 지도가 걸려있다

이끌리듯 지도앞에 다가서면
안겨오누나 아름다운 조국이여!
푸른 바다기슭에 진주물결 부서지고
북남으로 뻗은 산발도 한줄기로 일어서누나

귀기울이면 가벼이 들리는듯
맑은 흐름처럼 그리운 노래처럼
꽃피는 골짜기에 이삭패는 들판에
조국하늘 고이 비낀 시내물소리
하늘높이 우짖는 종다리울음소리

어느것이고 한폭의 그림 같은 땅
어느것이고 아침처럼 아름다운 나라
지도우에 새겨진 점 하나 선 하나

어느것인들 조국의 것이 아니랴
압록의 처녀림 남해의 해초가

지도여 내 어찌 잠들수 있었으랴
그믐밤이면 머리우 뭇별도 잡힐 듯
높은 발판에서 기중기를 벗삼아
낮처럼 밝은 웃음 날리며
땀젖은 이마를 밤바람에 식히며
층층 벽돌장을 쌓아올린 그 많은 밤을

그런 밤 건설로 지새는 깊은 밤이면
멀리 고요를 깨치는 화물차의 기적소리
가슴에 정다운 부름처럼 반가운 마음에도
그려보는 먼 남쪽하늘 그 하늘밑에서 사는 형제들 생각에
얼마나 그 얼마나 가슴이 뜨거웠던가!
아 지금 나의 눈앞엔
지도가 아니라
흰 벽을 휩싸는 기발이 휘날린다
조국의 기발이
기발에는 해발이 넘친다
통일의 해발이
어느덧 해발은 땅을 꽃피우누나
꽃핀 삼천리에는 로동의 힘찬 음향
멈출줄 모르는 그 음향속에서
나도 락동강굽이에

높이 벽돌을 쌓으며 흘리는 구슬땀
마음껏 마음껏 조국에 비치고있구나

그렇다 피의 총창이 서린 남녘땅
형제들의 념원 간절한 그 가슴들에도
우리의 이 거창한 생황은, 자유는
기어이 대하로 굽이쳐 안기라니

이해도 나는 더 세우리라
조국통일의 그날
형제들이 한자리에 모여 가슴 맞비빌
층층 집들을
남녘땅 먼 끝에서도 바라보이도록

합토제

합토제
세상에는 제가 많아도
흙과 흙을 합치고 지내는
이런 제는 없다

판문점
군사분계선가 잔디 푸른 문턱에
평양 신미리애국렬사릉의 흙과
광주 망월동렬사묘소의 흙을
정히 합토하고 지내는 제

고금에 없는
함토제까지 지내면서
민족분렬의 피눈물을 쏟으며
조국의 통일을 소원하는
범민족대회 참가자들의 이 아픈 마음을
흙이여
흙이여
말 못하는 네가 말해주누나

이것은 흙이 나니다
지금은 가고 없는
북남의 통일렬사들이
죽어서도 갈라져 잠들수 없는
통일의 넋이다

이 흙에는
분계썬이 없다
흙색도 같은 색갈
흙내도 같은 냄새
조상대대로 물려받은
한조국강토의 흙
그대로의 모습만이 있다
그런데 내 나라 땅 허리를
둘로 뭉턱 잘라놓고
보란듯이 그 한쪽을 짓밟고 서있는
저 미제침략자들
두눈에서는 불이 인다
두 주먹은 마구 떨린다

오늘은 비록
우리 여기에
북과 남의 몇줌 흙을 합치고
크지 않은 통일념원 합토비를 세운다만

어느날엔가는
우리 기어이
북과 남의 온 땅덩어리를 합치고
군사분계선도 없고
미국놈도 없는
이 판문땅에
하늘에 닿도록
조국통일비를 세우리니
아, 그날에로 달리는 우리의 마음이여!

탑승길에서

이물저물 구슬물소리 나를 부르네
이산저산 탑승길 걸을수록 즐겁네

옛적에는 오솔길에 돌뿌리 걸채여
칠보경치 보는 마음 흩어지더니

길없는 명산에 굽이굽이 명승길이라
내 꿈속을 걷는듯 신선되어 걸가는듯

칠보산아 네 아름다움 더해주는 탑승길
아 이내 넋을 앗아가는 명산의 길이로다

정이월 눈칠보

꽃도 지고 단풍도 지고
눈이 내렸네
하늘도 정이월이 하좋아
기암절벽에 흰 돌꽃 피웠네
락락장송에 흰 솔꽃 피웠네

바라보면
이 산 저 산에
백학무리 내려앉은듯
어깨곁은 설봉들은
눈바다에 높이 이는 떨기인듯

바람아 부디 불지 말아
기암절벽의 눈꽃단장 헝클어질라
칠보눈가루에 티를 날릴라
새들이 깃을 치며 날지 말라
락락장송의 백설꽃잎 떨어질라

설경의 명산아
백설의 명산아

꽃칠보도 좋고
단풍칠보도 좋지만
정이월 하늘가에
눈칠보가 제일경이로다

아, 눈칠보경치에 반해
내 늙음을 잃노라
오늘의 이 설경을 못 보았다면
내 여생의 한이 되었으리

[재중동포]

할머니의 보름달 외2편

길 송 월

보름달이 뜰때마다
할머니는 넋놓고 바라보셨다
나는 할머니 얼굴에 서린 그리움을
알지 못했다

남녘땅에 계신 부모형제와
생이별이 되여버린 순간을 떠올리며
달이 둥글 때마다
할머니 눈가 바래진 슬픔을
미처 알지 못했다

외로이 흘러가는 보름달 보면서
엄마엄마 목놓아 울고 울어서
찢기고 곪아서 뭉그러져 버렸을
우리 할머니 가슴을

다시 돌아갈수 없는
허망함을 한숨속에 감추시고서
꺼이꺼이 삼키셨을
엄마이고 고향이엿을
보름달

반백년 피눈물에 얼룩진
회포를 하늘나라에서는 푸셨을까
방울져 내리는 눈물에
궁금함과 그리움을 띄워서 보낸다

할머니 웃고 계시네
보름달속에

가을

꽃술이 날로 탱탱해지면서
이파리는 어느새 빛바래져 있다
꽃잎이 내린 자리
씨앗으로 단단해져서
새움이 싱그럽게 트겠지

여름내내 살갑던 실개천이
슬픈 연가처럼 오늘은 서늘하다
긴잠 들었다가
다시 햇살이 간지럽히면
아이스크림처럼 녹아 내리겠지

텅빈 들판 한가운데서
침묵으로 물끄럼한
저 노인의 오래된 지팡이에도
누렇게 가을이 저물어서 울먹거린다
다시는 오지 않을것처럼

내게로 돌아와요

성긴 별 몇쪼각 귀퉁이에 뿌려놓고
그리움이 삽삽이 서린 뜨락
그 어디에도
날 부른이는 보이지 없네

꽃 지는 그림자 사이사이
목련이 기막히게 부풀던 그날 ㅂㅏㅍ은
새벽 안개처럼 아슴하고

꿈속에만 오시는 그대
그러다가
갑자기 비밀처럼 사라지는 그대
어느 계절 어느 바람결에 꽁꽁 숨었을까

타오르는 이 가을이
타다가 타다가
아주 식어 얼음이 되기 전에
그대 내게로
다시 돌아오시면 안되나요

길송월: 중국 길림성 출생.

겨울비 외 2편

김 춘 산

간난아기의 배냇짓같이
깔이 고운 흰눈이 내려야 할 창가에
꽈배기 장수 사구려소리같이
구질구질한 겨울비가 내린다

옛날, 옛날
칠순의 순남이 할매가
거적문 차고 들어서면
엉치 큰 영천댁은
〈아지매요, 올라 오이소〉하며
아래목을 내 주었다

한밤 중
칠순의 순남이 할매가
젊음이 서린 봉창 두드리면
떠판같은 가슴 쓸며 철이형은
〈할매요, 들어 오이소〉하며
신혼의 구들을 내주었다.

계절을 까먹은 겨울비가
노망든 순남이 할매처럼 내린다.

어깨에, 머리에 매달린
매듭이 풀린 비방울을 털며
나도 옛날 처럼
〈반갑다, 반갑다〉 한다

겨울, 복수산福수山을 오르면서

복수산 할딱고개는
숨이 턱에 닿아야 오를수 있다.

눈우에 찍은 깊숙한 발자국만큼
종아리가 무거워지면
너에게로 가는 것이 참으로
힘들다는 것을 알게 된다

산 저 편에서 너도
나처럼 올라 왔으면 좋겠다

산마루에 연리지가 된
두 그루 박달나무처럼
우리도 올라가서
서로를 껴안고 있다가
내려오는 날
발자국들이 녹아서
한 골짝을 흐르는
그런 봄물이었으면 좋겠다

노각

채마전 울바자에
가는 모가지 매달고 있다가
멧새들이 부리로 쪼으면
아직 살아 있다는 듯
몸뚱아리를 움찔 거린다

저쯤 가버린 코스모스 향기와
호랑나비의 춤사위를
한참을 바라보다가

마당빗자루처럼
가을을 싹 쓸며
떠나갈 채비하는
바람의 자락마저 잡지 않은다.

이제 막이 내려졌는가
화려한 연주복 벗고
분장마저 지우고
갈채와 환호가 사라진
텅빈 무대에 홀로 섰는 늙은 무희

다 털어버린 노각이
누르끄레한 저 老榌이
배속에
새근새근 잠자는 씨앗과
하아얀 속살을 감추고 있는 줄
누구도 모른다

김춘산: 1962년 중국흑룡강성탕원현 출생. 1984년 연변대학조선언어문학부 졸업후 지금까지 흑룡강성라디오텔레비죤방송국 근무. 현 흑룡강라디오텔레비죤방송국 국제부1급 PD. 흑룡강성정부문예창작상, 제1회흑룡강성조선족 시인제 1등상, 송화강문학상 수상. 시집 『망향시초』 『시래기』 등.

의문 외1편

남 철 심

내가 없는 속으로 비집고 들어와
땀 나게 하는 소소한 일상들의
갑작스런 놀라움에 기다란
비밀번호를 입력하는 사이
모자이크를 걸어버린 기억의 얼굴에서
잠깐 아침에 삶아놓은 시간의
쫍쪼름한 맛을 범해버린 죄를 씻으려
두 마리의 벌레가 만나 지금의
모양으로 만들어지기까지 길지도 않은
꼬리를 잘라버리고 도망가는
헛 기침의 임자는 누구인가?

꽃떡

오후 두 시의 나무에서 콜록이던 참새가
발목을 잡힌 뒷골목에 숨어
떡고물 찍어 먹는 방앗간을 겨누어
총을 든다
벌거벗고 홀라당 죽어버린
이쑤시개의 가는 허리를 뚫고
비좁은 가랭이 사이로
말더듬 앓던 햇살이 기어간다
질려버린 사람의 냄새에
방부제를 쏟아부어도
영원은 가벼운 다툼으로 끝나고
시도 때도 없이 분주한 질주의 악다구니에
징그럽게 꽃이 핀다

남철심: 중국 룡정시 출생. 일본 치바대학 대학원 문학박사. 『천지』 신인상, 연변작가협회 화림문학상 신인상, 〈연변일보〉 해란강문학상 수상. 시집 『우리에게 하늘이 있습니까』.

누굴 탓하리 외2편

방 준

산속에서 저절로도 잘 크는 송이버섯
나도 송이버섯으로 태어났으면 몸값이나마 할걸
열심히 자란 것밖에 잘못이 없는
과원의 사과, 배, 딸기는
사람 손이 갔어도 상한 것이 많더라
부모와 형제자매 얼굴본지 오래되니
외국나들이 누군들 좋아서 하겠나
사계절은 반복되며 변함이 없는데
한 살 또 더 먹었다고 누굴 탓하랴

불러보고 싶네 대답 없는 그 이름

또 보고 싶어지네 그 얼굴 선히 떠오르네.
점점 더 그리워 한번 불러보고 싶네
아버지!
마음속으로 부르니 어찌 대답이 있을까
손수 차려주시던 밥상
밥은 식구들이 같이 먹어야 맛있다며
한술 떠도 밥상에 모여 앉으라더니
차비라며 단돈10원이라도 꼭꼭 챙겨주시던 손길……
눈빛 하나 몸짓 하나 숨소리 한 가닥……
좋았던 일들밖에 떠오르지 않네
그저 무릎아래 한번만이라도 편히 자고픈 소망인데
이제는 이루어질수 없네……
하늘나라 계신 아버지……

아버지

나에게 뼈와 살과 숨결을 주시고
하늘나라로 가신 아버지
사진 한 장으로 남아
우리 세 식구 사는 모양 굽어보신다

그리움이 사무쳐 불러보아도
하늘나라 가는 길 너무 멀다

보고 싶고 안기고 싶고 만지고 싶어
날개가 돋쳐 하늘 끝까지 찾아가고 싶어……
세월 지나야 깨우치는 이 세상살이
오늘도 그저 술잔에 묻히고 싶다

방준: 연변조선족자치주 인민은행 화폐발행과 과장. 석화문학원 학우회 부회장 겸 비서장.

돌아오지 않기 위해 가는 저 강물을 보아라 외2편

석 화

돌아오지 않기 위해 가는
저 강물을 보아라
츠르르르촤아—
기슭의 자갈돌을 씻으며
철퍼덕철퍼덕—
서로 엉덩이를 두드리며
돌아오지 않기 위해 가는
저 강물을 보아라
울먹이는 목메임도
명치끝의 쓰라림도
가는 것은 모두가 한 모양새이거니
돌아오지 않기 위해 가는
저 강물을 보아라
어제 같은 오늘도
오늘 같은 내일도
겹치고 또 겹치는 물결과 같은 것
돌아 오지 않기 위해 가는
저 강물을 보아라

이 밥 한 그릇

이 한 그릇
둥근 밥상에 둘러앉아
이 밥 한 그릇
같이 먹으면 한 식구다
엄마가 고운 쌀알 알알이 골라
밥을 지어 밥상에 올리면
우리는 빙 둘러 앉는다
숟가락 들고 젓가락 오가면
밥상에 웃음이 꽃피고
든든한 한끼 밥이
하루를 버티게 한다
사촌같은 이웃도 건너와
이 밥 한 그릇
같이 먹으면 한 식구 된다
핏줄이 한데 엉키지 않아도
이 밥 한 그릇
같이 먹으면 우리는 한 식구다
밥을 먹자
이 밥 한 그릇
밥상에 둘러앉아 같이 먹자

지금은 쿠쿠가 "밥이 됐습니다."
전동음으로 밥때를 알리지만
옛날엔 엄마가 솥가마에서 밥을 퍼담고
누룽지를 붙이고
고소한 숭늉으로 입가심하였다
그때를 그리워 하며
우리 둘러앉아 같이 먹자
이 밥 한 그릇

연변사과배

사과도 아닌 것이
배도 아닌 것이
한 알의 과일로 무르익어 가고 있다
백두산 산줄기 줄기져내리다가
모아산이란 이름으로 우뚝 멈춰 서버린 곳
그 기슭을 따라서 둘레둘레에
만무라 과원이 펼쳐지었거니
사과도 아닌 것이
배도 아닌 것이
한 알의 과일로 무르익어 가고 있다
이 땅의 기름기 한껏 빨아올려서
이 하늘의 햇살을 가닥가닥 부여잡고서
봄에는 화사하게 하얀 꽃을 피우고
여름에는 무성하게 푸름 넘쳐내더니
9월,
해란강 물결처럼 황금이삭 설렐 때
사과도 아닌 것이
배도 아닌 것이
한 알의 과일로 무르익어 가고 있다
우리만의 《식물도감》에

우리만의 이름으로 또박또박 적혀있는
―《연변사과배》
사과만이 아닌
배만이 아닌
달콤하고 시원한 새 이름으로
한 알의 과일이 무르익어 가고 있다

석화: 중국 룡정 출생. 중국작가협회 회원. 연길석화문학원 원장.

귀향길 외1편

전 옥 선

떵떵
얼어붙은 자드락길

터벅터벅
나는 걸었다
갑삭갑삭
나 따라 걷고 있었다
강가 맞은켠 버드나무

뿌리마저 드러낸 라체로
부끄러운 줄도 모르고
삭풍에 떨고 있었다
긴 머리 풀어헤치고
봄바람에 하느작하느작
나를 바래주던 고향의 소꿉동무

나는 울었다
버드나무도 흐느끼고 있었다

귀향길이 젖어있었다
흠뻑

민들레꽃 엄마의 꽃

산에산에 피여난 민들레꽃
엄마의 꽃이라오
여름내 어여쁜 꽃 피우려고
억척스레 살아온 민들레
아픈 사연 많아도
가슴깊이 묻어두고
가시밭길 헤쳐온
민들레
사랑의 꽃 활짝 피웠소

걸음걸음 피여나는 민들레꽃
엄마의 꽃이라요
달이뜬 밤이면 꽃이 피길 빌고빌며
정성다해 살아온 민들레
슬픈 사연 많아도
. 가슴 깊이 묻어두고
참아야만 한다는
민들레
사랑의 꽃 활짝 피웠소

전옥선: 길림성 화룡 출생. 연길시정치협상회의 대표,연길동북아랭면부 사장, 신개념건강센터 장수촌 경영인.

청산리 사람들 외 2편

전 은 주

쇠스랑과 죽창을 꼬나들고
김좌진의 군호에 맞춰
왜놈의 멱을 따던
청산리 사람들이
오오, 이제는 북한강 가까운
한국의 가평군 화학리 인근
까마득한 잣나무에 올라
장대 끝 쇠갈쿠리로
왜놈 멱 따듯 잣을 따며
처절한 전투를 벌이누나!
떨어진 잣송이들이
가평잣으로 팔려가
이름을 날린다는데
가을이 이울도록 이어지는
이 참담한 전투
승자는 과연 뉠까?
아아, 그들이 두고 온
청산리 고향 잣나무엔
뉘 오를까?

가평 꽃다방

이 가을이 여위도록
청산리 배씨는
고향에서 잣을 따듯
가평잣을 땄다네
이제 겨울이 와
아침부터 눈발 거칠어
간도처럼 사납게 휘날리더라
그날 일찌거니 술에 취한 채
내 사랑 애랑, 아아
그대를 만났더랬다!
그러나 부족하다네
가을에 번 돈으로는
그녀를 독차지 하지 못해
봄이 오기 전에
배씨는 다시 돈 벌러
눈길을 떠나갔다
내 년 가을에 다시 오마,
꼭 오마, 애랑아!

경마장 박씨

말수가 적은 박씨
쉬지 않고 잣을 따다가
아편쟁이 뙤놈처럼
주말이면 사라진다네
꼭두새벽 경마장으로 떠나
경주마의 그 힘찬 엉덩이에
번 돈 다 날려야 돌아와
다시 잣나무에 오른다네
왜 거길 가는지?
가서 어떤 경주마에 혹했는지?
친한 동무 하나 없이
잣만 따다
경마장에 홀린 박씨
고향에도 아직 그리운 이
남아 있을까?

전은주: 1986년 랑수 출생. 연변대학교 문학석사, 연세대학교 문학박사. 2012년 『시향만리』 신인상 수상. 현재 재한조선족작가협회 부회장. 연세대학교 강사.

리별의 리유 외 2편

한 길

여름, 너도 너무 좋은데
이걸 어쩌나
가을이 다가와 손 내미네

진하게 익는 몸
홀랑 들어내고
얼씨구 좋다 뛰여오면서
내미는 저 손

요염한 유혹에 반해
뿌리치지 못 하겠는걸
낸들 어찌하겠니

달아오른 저 몸을
오늘 밤
꼬옥 품어 줘야지 않겠니

11월

가을이 깊숙히 물든 나무잎
채찍들어 립동 앞세우고
흩날린다

바람에 날리 ㄴㅡㄷ 나무잎
불안한 나의 앞가슴에
탁 부딪친다.

빠알가게 물든 나무잎
차가운 내 마음
따뜻이 보듬는다

저 멀리 굴러가는 나무잎
혼자 부르는 노래
내 귓속 간질린다

11월
가을에서 겨울로 간다

이 겨울 내리는 눈

번화한 이 도시에 붐비는 거리
차분한 실바람은 방향을 읽고
네거리 신호등은 껌뻑거리네
이 몸에 소리없이 내리는 눈은
겨울과 나 그리고 봄을 이어준다.
하늘과 나 그리고 땅을 이어준다.

한길: 연길에서 소학교, 중학교 공부를 마침. 평면디자인 설계사.

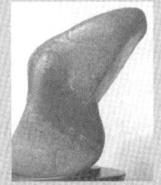

[재일교포]

겨레의 맹세 외 1편
- 윤동주 묘앞에서

정장(丁章)〔일본 조선인〕

부끄럼이 많은 나
일본에서 찾아왔다
연변에서 잠자는 그대 묘앞에서
앞날의 부끄럼이 없는 삶을 맹세한다

반도주변에서 우리는 다같이 태여났다
그대는 삼천리의 북녘변두리에
나는 동해 건너 렬도땅에
우리 고향은 민족의 타향
일찌기 발해라 불리운 땅으로
그대 할아버지는 두만강을 건넜고

일찌기 야마도라 불리운 땅으로
내 할아버지는 현해탄을 건넜다
설이 들었을 때 그대는
한어로 둘러싸여있었고
어린 내 귀전엔 그저
일본어만 울리고있었다

어느덧 그대는 구하게 되였다
룡정에서 날아간 그대

평양에서 산 반년에 저항심을 기르고
서을에서 받은 배움이 민족애로 이글었다
사랑 깊은 시인으로 익게 됐다
나도 어느덧 구하게 되였다
이 까이 노의 동녘변두리 에서
너무나 가깝고도 먼 평양과
서울에도 못가서
그대가 현해탄을 건넜던 나이와
같은 나이에
연변을 찾고 이 손으로
두만강의 물을 만지고
그대가 그렇게 해야 한것 같이
나도 꾸며오던 일본인 가면을
힘차게 벗어버렸고
그대가 정들이지 못한 도교에서
여섯살까지 보낸 나와
몽규를 의지해서 그대가 옮겨온 교또가
출생지인 나틀
빨간 록빛으로 흐린 두만강 흐름에
비추어보았다

부끄럼 이 많은 삶을 보았다
그대가 서울말을 배우고 있던 나이와
같은 나이에
처음 한글을 배운 나는

그대가 잘못한 일본말밖에
말 할 수 없어 고생하면서
그대의 지조높은 시로 마음 물들이고
그대가 옥사한 일본을 떠나
그대가 하늘이 되고
바람이 되고
별이 된 나이와
같은 나이가 된 내가 다시:
내 아름다운 또 다른 고향
그대 백골이 잠자는 연변을 찾고
그대 하늘과 바람과 별과 시에
앞날의 부끄럼이 없는 삶을 맹세한다

그대가 구하고 있던 것을
죽는 그날까지 나도 구하고 따라가련다

아직 하나가 되지 못하고 있다
- 이 지구상에서

전 세기의 이른 아침에
새로이 무장한 이웃나라가 찾아와
어린 할아버지의 고향은
힘으로 빼앗겼다

고향을 빼앗긴 할아버지는
빼앗긴 것들을 되찾아가듯
옆의 신흥제국으로 건너가고
가정을 꾸리고
인생을 쌓아올리고

전 세기의 한낮에는
고향을 빼앗은 제국이 패하여
드디어 돌아가려고 한 고향을
강력한 뒷배로 새롭게 무장한 동포들이
두 조각으로 찢어지 점령했다

국경으로 가로막혀 돌아갈 수 없는 고향을
전 세기의 해 질 녘에
할아버지는 멀리서만에 바라보다가

거룩한 한 생을 마감했다
그 곁에서 함께 해 질 녘을 바라보던 자식이나 손자가
고향을 모르는 재일동포로 남겨져
새로운 세기의 아침에도 여전히
전 세기의 고통을 참고 견디며 꿋꿋하게 살아가고 있다

빼앗긴 고향이
백년이 지나도 아직
하나가 되지 못하고 있다

이 지구상에서
누구도 서로를 죽이고 싶지 않을 테지만
그곳에는 무장한 인간이 서 있다
국경을 끼고 서로 바라보고 있다
분쟁이 끊이지 않는다
학살이 끊이지 않는다

이번 세기의 해질녘까지
과연 할아버지는 고향으로
서로 죽이지 않는 인간으로서
재일 조선인은 일어설 수 있을까
새로운 하나의 고향에서
하나 밖에 없는 이 지구상에서

통일 새세대들이여 외 1편

오 홍 심

오늘은
동포동네 명절날
사람들이 모여들어
웃음소리 박수소리 그칠줄 모르네

운동장 한복판에서
통일기발 나붓긴다
아이들이 물결치며 만들어가는
대통일기발이 가슴속에도 흐믓이 반겨오는데...

- 선생님 오래간만입니다!
  절 기억하십니까?
곁에서 어린아이를 안아보던분
- (응?...)알구말구요...

지난날의 장난군이
이제벌써 할아버지가 되였구나
손자와 함께 즐기는 모습 보니
세월의 흐름은 진정 류수로구나

행복이란

오늘같은 어린 날에
가슴뜨거이 느껴지는건가
감개무량함을 금할수 없어라

1세, 2세들이여
목숨바쳐 지켜온 우리의 민족교육
꿋꿋이 이어가는 3세 4세 너희들,
통일새세대들아!

- 축하해요
- 고맙습니다
- 힘 내자!
-건강 하십시오.

예나 지금이나
아이들의 목소리가
내 등을 밀어준다
행복의 절정으로

-2019년 7월

유고

생전에 아버지가
남기고 가신
글이 있다.

오랜 투병생활
그 마날에 지으신
수많은 한시

글의 행간마다에는
나그네신세 한탄하시던
그 소리 들리고
고향길 찾으시던
그 심정 넘쳐나네

들새는 날아 돌아가
옛가지에 집을 짓는다고 한
시의 한 구절

꿈 속에서나마
고향으로 가는 배

몇번이나 타셨을가

혼이 되어서야
기어이 찾았을가
그리워 하신던 고향마을

무엇을 가르치려고
무엇을 전하고자
두고 가셨을가
이 많은 글

유고를 가슴에 안으니
안겨오네
고국의 산천이
그렇게도 찾고싶어하시던
그 땅

- 2021년 1월

[재호교포]

한류는 어디서 오는가 외 1편

손 멜버른(유니 멜버른)

아재패션 유행이고
남물건 손대지 않는 사람들
미끄러지는 눈길차 유리박스 쏟은트럭
민폐없게 영치기영차 아침거리
손발척척 맞추다니 멋지지요.

시골아낙들 나비없는 모란인가
한주먹씩 알약이지만
나들수록 꽃이좋아 꽃나비지
한살이라 젊어서리 곱게입어
밤낮으로 길에서는 사람무섬 줄어드니
고라니, 고라니 놀랄까봐 더 걱정이고

집집마다 상보책보 보자기들
영국여왕 손가방으로
세기의 패션 소품으로
날개돋친 날개런가
말걸면 말동무고
어울리면 친구이니

산길마다 밤낮 사람꽃길

아웃도어룩 교복들아 어디가니?
깜깜길 손전등에 인사하니 사람향내 훅가지요.
무인판매대 이어지고
서로믿고 의지되니
티켓체크 줄어든만큼 휴식시간
서로주거니 서로받거니

삼선슬리퍼 꿈만보고 걸어가니
열공하는 학생같아 이런게 순수미인가
목발에서 휠체어도
패션소품 눈부시네요
장님들은 손전등으로
눈뜬사람 돌봐주면 더좋겠고
코비 마스크도 패션거리 수놓기인가요?

배고프고 서러운 날은
한국거리
혼자라도 눈처럼 쌓이는게 있는날은
"한국거리 나가보아라."
카페라도 한국간판 붙은것 확인하고
지갑에서 컴퓨터도 제자리인거
내물건 니물건 남녀처럼 구별있고
높낮이없이 주인대접 잘받으니

외로운 사람들 넉넉한 인정들이

아침저녁 소리없이 어우러지니
모닥불 표지판 정류장까지
있어야 할곳에 속도까지 업그레잇 업그레잇
인정과정 서로수노아 서운함은 가게하고

사람이곧 하늘이라 누말이던가
지난날이 울컥하고 올라오더라도
서로를 목발처럼 짚어주고
낯선머리 주름이마 맞대더라도
우리끼리 우리사인데 노래하며 해결까지

아서럽고 무거운날
지구촌 한인거리 거리에선
사람들이 가을들녘 만종되니 서로되니
멀리갈것 아예없다
한국거리 붙은집에
고단한 삶의한쪽
서로의지 날아가니 날개사람
삶의수레 바퀴들이
순풍의 돛단배처럼 미끄러지니
여기가 바다런가
보이지않는 촛불들이
지켜주는지 한낮이고 봄봄이네

아리랑 고개넘던 우리님

사람이곧 하늘
하늘이 곧 사람과땅 우리라서
제자리니 하늘땅사이
촛불로서 물한그릇 정한수

손잡으니 연대이고
꽃길이라 하늘닮아 가는중이라
지구촌인파 한국거리로 몰려더니
지축으로 가는길 날마다빛 더훤해져
천년만년 살아도
이거리라면 아마될것 같다네요.

어느 위대한 부활절뒤 페친들에 기념비

세잔에게
생트 빅트와르산
부산에게
장산이네.
돌덩이들 팔천만번 지구업혀 지구업고
지구궤도 도는동안 꼭대기서 기슭까지
일백년에 그얼마나 내려갔어
물을수조차 있나없나 ?

해끼칠까
밀지말고 당기지 말고
차례지켜 차라리 잠자리라.
조심조심 시간앞에 중력앞에 몸낮추어
저우주에 시바처럼
깨나는날 그시간으로 시간이동
오늘지구 시바같은 공간이동 아니고
고통가고 평화오라 재창조에 지구부ㄹㅘㄹ

현미얀마 민주선거 힘자본에 고해인데
포교활동 코로나에도 방역지침 어찌했니?

세미나장 세금신고 이젠하니?
종교할동? 다단계사업? 아봐타라 이제밝혀
호텔세미나장?
사업자신고조차 소득금액 증명없고
현찰중심 물질만능 지구계 아봐타교
사람들에 미끼던져 에고힘태양 지구퇴화?
힘자본 부족이면 꽝 돈벌어라 등돌리고
힘자본 지참금엔 "열려라 참깨"
'깨달음도 자본이다' 몰랐니?
고통가고 평화오라 지구부활

신념대로 경험,자기개발 상품이라
신념대로 절대완성자 몇몇?
완성자들 분류하자 제로이니 오즈인가?
허위과장 광고이네.
산업사회 일체형이 신념비율 사이즈니
깨달음도 결국물리 숫자들에 태양계네.
자기이득 취하려고 종교로서 낚는거지
지식인데 부모가족 국가조차 아바타위해
신념이니 다버려라?
집단의식 무의식에 지구질서 방해이면??
휴머니즘 전통까지 버리라면
종교아닌 종교이라 새종교
정직하게 신흥종교 신고했니?
사이비교 검색어로 난리일때

"내버려둬 아바타교 힘세지면 쑥드갈테니 "
작조차도 주의끌면 땡큐이고
관심까지 역이용이니 전략가라~

신념세기 제사이즈 키워야지
배아프면 너시장해.기존지구 기득권과
이토대위 쌓아라고 중력신념 중력탑에 신념대로
도법사랑 그것들도 신념크기에 세기로서 좌우되나?
상대따라 좌지우지 신념따라라?

돈권력 모으기에 신념티켓 입장권까지 면죄부니?
식물에서 동물안에 신념영역
무생물에 미지들도 신념크기로 깨나이다
네신념에 분리이니 신념대로 아닌거네
확률에서도 안과밖 신념에도 안과밖 밖이있고
우주에선 비공식이 비진리 사기인가?

E는mc제곱 그보다 엉터리 증명없는 허구이니
결국에는 사이비라 사람지배 하고보자
아웃사이더 저들끼리 포교진리
학교교육 종교역사 커버씌워
완전절대 새종교아시대지구 식민지로 개척이고
신대륙 발견이라 미국처럼
지구교재 어디에도 안나오는 사이비그 부류이지.
결국에는 힘세져라 미국판이네

돈힘인맥이 신념력이 되는시대
자본주의 끝판종교 돈깨달음 돈종교니?
기가막힌 종말기에 살아남기 전략이네.

이층탑의 집집마다 성문이고 굳게닫혀
일본해피 사이언스 모르는척 집집마다
배달인가 방사능수 오염수인가
현대판 일위안부 가구는요 소니이죠
삼층사층 탑쌓기가 해피이면
삼층사층 행성이고 일본해피 사이언스
'지구집집 나라마다 이층이고 어쩌겠니 여긴지구
가정국가 집단와해 필요이면 너나라부터
위안부역사 사죄정리 못한이유
위안부나라 자꾸반복 수레이라
일본해피 사이언스 카면된다
세상아이 울음우니 이지메나라
일본해피 현대판의 일위안부
고해가고 평화오라 재창조에 지구부 ㄹㅘㄹ

사이비교 삼총사
아봐타와 일본해피 사이언스
신천지도 페친에서 방출하여
그들길 가게하기
전환기에 무게라니
아틀라스 힘겹겠다.

전환기에 유턴에는 가벼운이들
무거운자 과거지구 머무소서. 최종자비
자기에고 페친차단 부디자기 손쓰시길
과거에로 무게이동 해도좋고
페친중에 미래가라 닷줄이면 감사이고
순풍에 돛달아라 좋겠구요
제무게로 이달 바람타고
언행일치 출항이니 협조이길...
고해가고 천국오라 재창조에 지구부활
불로소득 적폐들 한식구고
새로운듯 제스처해도 한솥이네
현미얀마 군부들과 같은편ㅇ아니라꼬
신흥종교 사이비교 하낯익어 종교쿠데타다

지진전조 한국에는 선거지진 피해던가
지구요동 대선으로 회복하리니
걱정이라 바람스쳐 지났으니
일본발ㅇ쿠데타도 끝났다네.
며칠천하 유예종료이네.
진정사랑 천만년의 재창조와 우유바다
삼위일체 창조이고 신성이고
방해만큼 형벌이니 노우터치
일본나라 미국까지 재해맞이 곧시작됨.

일제식민 의식에는 서양서학

투명한 종교식민 청산기니
지구역사 전환기에 식민청산
외세부터 진정해방 지구부활

사이비교 지구뿌리 뽑아내어 우주아리
재창조 가속화고
수신제가 치국에다 평천하가
전환기 태평천하 질서인데
피라미드 상하 성질서로 재설정시도
사이비교 옥심과해 이제더는 밀지마라
완전절대 분리이니 밀틈새도 없는전환기
밀공간도 가져가니 아듀이다
지옥가고 천국이니 평화오라 지구부활

죄의무게 비움이니
자는돌이 미래이다.
눈이없는 식물들에
눈이있는 동물들들 독없으면
미래이니 세월호도 노아방주라 함께간다.
대기들아 함께이고
우주지구 한정있는 에너지야
아무것도 없다카는 무들이여
너희들 사이비교 그들비함 양반이다.
자는우주 깨나이니
자는우주 깨나이다.

연옥가고 천국오니 지구부활

장산에게 부산시민!
생트 빅트와르엔 세잔이고
과거가라 욕심안은 사이비교!
미래전환기 새우주 대기
모두깨나 평화이니 가벼웁다,한글처럼.
이젠지구 신화시대
역사시대 종교들아 아듀이다.
우주깨워 깨나시니
종교보다 홍익이고 한글이다.
헌지구 우유바다 다시건져 지구부활
홍익인간 시대인가 홍익하리 홍익하라

[네팔시인]

고성에서

디네스 아디까리

눈은
국경 너머 길을 먼저 살피고 있어
분단선이 있다는 것은 거짓말인 듯
마음 깊은 곳에서
가족과의 살갗을 맞대는 촉감 그런 행복을 찾고
거기 해금강*은 오랜 세월 흐르고 흘러
고성 앞바다에서 길고 긴 세월 일상처럼
여전히 멈추지 않고 이어지고 있었네.

포옹 사랑
그리고 달콤한 키스를 갈망하며
강원도에서
가랑이를 들어 올리고 목을 늘어 빼며
고성에 우뚝 서 있네.
여행자인 나는 바라보고 있어.
언제나 서로 갈망하며 바라보는 두 눈처럼
거기 멀리 바라보려는 망원경이 있었네.

나는 관광객일 뿐
잠시 후 여기에서 돌아가면 그만인 사람
나는 다시 내 마음속으로 읊조리네.

분단은 사랑의 본질이 아니라고
남북은 분단을 끝내고 하나되어야 한다고

고성!
서로 서로 믿고 믿는 믿음으로
물론 언젠가는
모두 하나되리라
될거야

여행자이지만 나는 원하네.
다음에 내가 다시 왔을 때
남과 북, 북과 남이 하나되어
서로 서로 어깨 걸고 있었으면
될거야 !
남과 북, 북과 남이
통일을 이루게 될거야!

* 북한의 영토로 해금강은 고성 앞바다에 있고 통일 전망대에서 가까이는 16km에서 25km까지 바라볼 수 있다.
* 고성은 대한민국의 수도 서울에서 약220km 북쪽에 위치한 관광지입니다.
* 강원도에 있는 고성은 남과 북에 걸쳐 있다.

승리를 위해

크리슈나 쁘라싸이

언어도 문화도 같아
국경선이 이질감을 갖게 하는 이유는 무엇입니까?

글자도 똑같고 조상도 똑같아
사투리를 쓰면서 서로 웃는 사람들
어째서 두 나라 사람들의 붉은 피가 똑같아

당신은 머뭇거릴 필요가 없습니다.
당신은 틈틈이 만나야 합니다.

마음과 마음의 소리로 숨을 쉬어야 합니다.
서로를 얼싸안고 손을 잡는 순간
적들은 모두 파괴되고 말 것입니다.